Auditoria
do Negócio com TI

www.editorasaraiva.com.br

**ANTONIO DE LOUREIRO GIL
CARLOS HIDEO ARIMA**

Auditoria
do Negócio com TI
GESTÃO E OPERAÇÃO

ISBN 978-85-53131-12-9

DADOS INTERNACIONAIS DE CATALOGAÇÃO NA PUBLICAÇÃO (CIP)
BIBLIOTECÁRIA RESPONSÁVEL: ALINE GRAZIELE BENITEZ CRB-1/3129

G392a   Gil, Antonio de Loureiro
         Auditoria do negócio com TI: gestão e operação /
         Antonio de Loureiro Gil, Carlos Hideo Arima. – 1. ed. – São
         Paulo: Saraiva Educação, 2018.

         Inclui bibliografia
         ISBN 978-85-53131-12-9

     1. Auditoria – negócio. 2. Gestão. 3. Tecnologia da informação. I. Arima, Carlos Hideo I. Título

                                                                                                                       CDD 658
                                                                                                   CDU 658

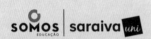

Av. das Nações Unidas, 7221, 1º Andar, Setor B
Pinheiros – São Paulo – SP – CEP: 05425-902

SAC   0800-0117875
De 2ª a 6ª, das 8h às 18h
www.editorasaraiva.com.br/contato

Vice-presidente	Claudio Lensing
Diretora editorial	Flávia Alves Bravin
Gestão editorial	Rita de Cássia S. Puoço
Aquisições	Fernando Alves
	Julia D'Allevo
Editores	Ana Laura Valerio Neto Bach
	Thiago Fraga
Produtoras editoriais	Alline Garcia Bullara
	Amanda M. Loyola
	Daniela Nogueira Secondo
Suporte editorial	Juliana Bojczuk Fermino
Preparação	Elaine Cristina da Silva
Revisão	Paula Cardoso
	Angélica Beatriz Halcsik
Diagramação	Adriana Aguiar Santoro
Capa	Bruna Sales
Imagem da capa	Thinkstock/Gubshot
Impressão e acabamento	Bartira

Índices para catálogo sistemático:
1. Auditoria: gestão
2. Tecnologia da informação

Copyright © Antonio de Loureiro Gil, Carlos Hideo Arima
2018 Saraiva Educação
Todos os direitos reservados.

1ª edição

Nenhuma parte desta publicação poderá ser reproduzida por qualquer meio ou forma sem a prévia autorização da Saraiva Educação. A violação dos direitos autorais é crime estabelecido na lei n. 9.610/98 e punido pelo artigo 184 do Código Penal.

EDITAR   16316   CL   651011   CAE   627043

**Saber usar é tão importante
quanto saber fazer**

Dedico este livro à minha esposa, Maria Tereza, pelos muitos anos de amor e felicidade durante nossa vida em comum.

Professor Antonio de Loureiro Gil

Dedico aos meus antepassados, aos meus pais, à minha esposa, Yoko, e aos meus filhos, razão de estar presente neste mundo atual, procurando contribuir com mais esta obra.

Professor Carlos Hideo Arima

Agradecimentos

Agradeço a milhares de profissionais do ambiente acadêmico e profissional que comigo compartilharam o conhecimento e continuam a contribuir para o meu aprimoramento profissional e, em particular, ao amigo e colega professor doutor Carlos Hideo Arima, com quem assumo toda a responsabilidade pelo conteúdo e pela qualidade deste livro.

Vou continuar buscando inovação e visão de futuro para minhas atuações no ambiente da auditoria de negócios com TI, em particular nos cursos de pós-graduação e projetos de consultoria, para elevar e intensificar a aplicação do presente conteúdo com foco na vertente "falhas *versus* desempenho", inclusa a visão de fraudes e desperdícios.

Aos meus antepassados, avó Emília, avó Adelaide, pai Antonio Emílio, mãe Maria Alice e tia Maria Luiza, todos já falecidos, e à minha esposa, Maria Tereza, por terem conduzido a minha vida pessoal e profissional.

Professor Antonio de Loureiro Gil

O desenvolvimento deste trabalho foi possível graças à contribuição de inúmeras pessoas do meio acadêmico e profissional, as quais vou solicitar minhas desculpas em não citar os nomes, pois é bem possível que acabe me esquecendo de mencionar algum deles nessa relação, mas fica aqui os meus sinceros agradecimentos.

Agradeço ao Professor Antonio de Loureiro Gil, que orientou minha dissertação de mestrado e tese de doutorado e, mais do que isso, me ensinou a pesquisar e me mostrou a importância de divulgar as ideias por meio de publicações em livros e artigos, eis que procurei apresentar pela nossa grande parceria.

Agradeço à minha esposa Yoko pela paciência e perseverança em me aguentar, com amor e carinho, por todos esses anos de casamento.

Encerro com uma nota de agradecimento ao meu falecido pai, Yoshishige Arima, e à minha mãe em vida Aiko Arima, que me inspiraram em grande parte da criação desta obra.

Professor Carlos Hideo Arima

Sobre os autores

Antonio de Loureiro Gil

Professor titular da Universidade Federal do Paraná (UFPR); professor de doutorado e mestrado da Universidade de São Paulo (USP); oficial da Marinha de Guerra do Brasil, formado pela Escola Naval do Rio de Janeiro; autor de 19 livros no Brasil e em Portugal; executivo de organizações nacionais, multinacionais e governamentais; palestrante com artigos publicados nos Estados Unidos, França, Israel, Espanha, Portugal, Argentina, Uruguai e Panamá.

Carlos Hideo Arima

Doutor em Controladoria-Contabilidade e mestre e bacharel em Ciências Contábeis pela Faculdade de Economia, Administração e Contabilidade da Universidade de São Paulo (FEA-USP); professor do Programa de Mestrado Profissional em Gestão e Tecnologia em Sistemas Produtivos do Centro Paula Souza; professor pleno III do Departamento de Tecnologia da Informação da Faculdade de Tecnologia de São Paulo (Fatec-SP); professor assistente-doutor do Departamento de Ciências Contábeis da Pontifícia Universidade Católica de São Paulo (PUC-SP); ex-professor do Departamento de Contabilidade e Atuária da FEA-USP; e sócio-diretor da Arima e Associados Ltda., empresa de consultoria e auditoria da área de sistemas.

Prefácio

É um verdadeiro prazer e honra fazer o prefácio deste magnífico trabalho, de autoria de dois pioneiros da área.

Este é mais um livro que vem complementar as obras desenvolvidas anteriormente pelos professores Antonio de Loureiro Gil e Carlos Hideo Arima, procurando contribuir para o desenvolvimento das áreas de gestão e de auditoria de negócios com tecnologia da informação. O objetivo é apresentar uma visão do horizonte "presente/futuro" dos negócios privados ou governamentais, no sentido de validar e avaliar a aplicação prática das tecnologias num modelo sistêmico para gestão e operação das organizações.

Como especialistas profissionais e acadêmicos das áreas de gestão e de auditoria, os autores apresentam diversas visões para realizar o acompanhamento e o monitoramento da aplicação de tecnologia da informação em vários segmentos de negócios das organizações privadas ou governamentais. Buscando sistematizar o processo de revisão e avaliação de negócios por meio de controle interno, apresentam também diversos mecanismos de desenvolvimento do trabalho de auditoria, envolvendo sistemas de informação e todos os processos e os produtos da gestão de negócios empresariais.

O livro está estruturado e subdividido em cinco capítulos, que apresentam a seguinte sequência: auditoria da gestão processo/produto; técnicas e procedimentos de auditoria; controle interno e auditoria operacional e de sistemas; métodos, técnicas e aplicações de auditoria operacional e de sistemas e auditoria do ambiente de tecnologia da informação.

A obra destina-se aos alunos dos cursos de graduação de diversas áreas afins e de pós-graduação em níveis de especialização, mestrado e doutorado, bem como aos profissionais de organizações privadas ou governamentais.

Parabenizo os autores por mais uma contribuição dada ao meio acadêmico e profissional, principalmente no que tange às organizações que têm sofrido muitas dificuldades para a realização e a efetividade de propostas de inovação e mudanças para a busca de prosperidade.

Sérgio de Iudícibus
Professor Emérito da FEA-USP
Professor do Mestrado da PUC-SP

Sumário

Capítulo 1 Auditoria da gestão: processo/produto 1

    1.1 Introdução 1

    1.2 As vertentes lógicas para auditoria 4

    1.3 Fundamentos da auditoria 7

    1.4 Lógica da auditoria 11

    1.5 Natureza da auditoria 14

    1.6 Tópicos especiais de auditoria 24

    1.7 Produtos finais da auditoria 49

    1.8 *Compliance* e auditoria 61

    1.9 Considerações gerais 61

    Referências 70

Capítulo 2 Técnicas e procedimentos de auditoria 71

    2.1 Introdução 71

    2.2 Técnicas/procedimentos aplicados na preparação da auditoria 72

    2.3 Técnicas e procedimentos aplicados na fase da auditoria
        propriamente dita 81

    2.4 Técnicas e procedimentos que permitem contribuir
        com os trabalhos da auditoria 95

    2.5 Técnicas e procedimentos aplicados na auditoria de gestão 100

    2.6 Técnicas e procedimentos aplicados na conclusão da auditoria.... 112

    Referências 117

Capítulo 3 Controle interno e auditoria operacional e de sistemas 119

    3.1 Introdução 119

    3.2 Controle interno 119

    3.3 Controle interno e seu relacionamento com a área de auditoria .. 121

    3.4 Controle interno e auditoria operacional
e de sistemas 128

    3.5 Auditoria operacional e de sistemas 131

    Referências 138

Capítulo 4 Métodos, técnicas e aplicações de auditoria operacional e de sistemas .. 139

    4.1 Introdução 139

    4.2 Etapas de auditoria operacional e de sistemas 139

    4.3 Auditoria operacional e de sistemas em ambiente de
operação normal dos negócios da empresa 149

    Referências 166

Capítulo 5 Auditoria do ambiente de tecnologia da informação 167

    5.1 Introdução 167

    5.2 Planejamento do projeto de auditoria do ambiente de
tecnologia da informação 170

    5.3 Levantamento e caracterização do ambiente 170

    5.4 Identificação, inventário, eleição e seleção dos pontos de
controle para auditoria 171

    5.5 Avaliação dos pontos de controle eleitos 173

    5.6 Conclusão e acompanhamento das recomendações 186

    Referência 186

Apêndice Questionários para avaliação do controle interno 187

Índice remissivo 205

capítulo

1

Auditoria da gestão: processo/produto

1.1 Introdução

A auditoria da gestão exerce a revisão do processo/produto da tomada de decisão e do subsequente projeto de decisão/mudança, com recomendação/ ação de melhoria organizacional no sentido de maximizar desempenho ou minimizar falhas do processo decisório do negócio privado ou governamental – na sequência, entra o projeto recomendação/mudança em ação.

Trata-se de uma atividade realizada junto ao processo/produto da logística e da controladoria organizacional, com foco na revisão estratégica, tática e operacional (níveis do negócio) – no exercício do ciclo PDCA (sigla formada pelas letras iniciais de *plan, do, check, action*) – das entidades privadas ou governamentais, tendo em vista o horizonte presente e futuro.

O projeto de decisão/mudança, no momento da gestão/operação do processo/produto organizacional e de seu correspondente projeto de reco- mendação/mudança, tem, sob os cuidados das variáveis eficácia, eficiência e segurança, os focos a seguir.

- Decisão ou recomendação – benefício: visa maximizar a utilidade da decisão ou da recomendação na perspectiva do usuário, cliente ou con- sumidor do produto ou serviço – a visão da integridade do produto ou serviço prestado no momento em que é usado.

- Decisão ou recomendação – custo: visa minimizar o uso, o consumo dos recursos alocados aos procedimentos, tarefas ou atividades dos processos inerentes às linhas de negócio organizacional. Trata-se da visão da inte- gridade dos processos em ação e futuros.

A Figura 1.1 apresenta o mundo da auditoria dos quadriláteros lógicos para gestão dos negócios aos profissionais responsáveis pela auditoria da gestão do negócio privado ou governamental, para que possam exercer suas atividades: revisar (validar e avaliar com base no testar e provar), recomendar e emitir opinião relativa ao melhor desempenho e à tendência de falha zero no processo/produto do ciclo de vida do negócio, na perspectiva do amanhã.

Figura 1.1 Momentos da auditoria da gestão do negócio privado ou governamental: o mundo da auditoria dos quadriláteros lógicos

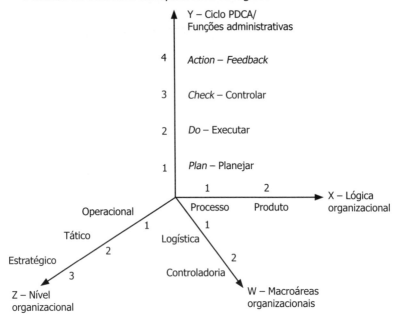

Fonte: elaborada pelos autores.[1]

O ambiente de vigência e atuação da função administrativa da auditoria implica verificar (validar e avaliar com base no testar e provar) os momentos conceituais (X; Y; Z e W) dos negócios privados ou governamentais de natureza:

- 1 – quadrilátero (1; 1; 1; 1) – processo de planejamento operacional da área de logística.

    Ao quadrilátero:

- N – quadrilátero (2; 4; 3; 2) – produto *action/feedback* estratégico da área de controladoria.

A visão central da atividade de auditoria do negócio privado ou governamental implica os núcleos expandido e o duro dos projetos de auditoria, os quais são encapsulados pela atividade de gestão da área de auditoria.

---

[1] Todas as figuras, quadros e tabelas deste capítulo foram elaboradas pelos autores.

Capítulo 1 — Auditoria da gestão: processo/produto

A Figura 1.2 estabelece a interação da gestão da área de auditoria com os projetos de auditoria, submetida a três vertentes lógicas intervenientes no ciclo de vida da auditoria de negócio com tecnologia da informação (TI):

1. problema, estratégia, projeto;
2. governança, qualidade, sustentabilidade;
3. contingência, incerteza, risco.

Figura 1.2 Visão central da auditoria do negócio privado ou governamental

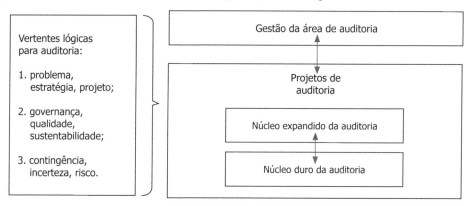

O Quadro 1.1 estrutura os projetos de auditoria em termos de seus núcleos expandido e duro.

Quadro 1.1 Estrutura lógica dos projetos de auditoria

O PROCESSO/PRODUTO DE AUDITORIA
(a visão do projeto de auditoria)

Núcleo expandido da auditoria
* Conhecer políticas, estratégias e objetivos organizacionais.
* Definir área organizacional, linha de negócio ou de serviço, sistema de informações.
* Conhecer o **evento problema**.
* Estabelecer o objetivo da auditoria.

Núcleo duro da auditoria
* Escolher o ponto de controle.
* Determinar e aplicar a técnica de auditoria.
* Analisar os resultados dos testes.
* Estruturar as provas de auditoria.
* Apresentar a recomendação.
* Emitir opinião.
* Realizar auditoria de acompanhamento.

A integração da gestão da área de auditoria com as demais áreas organizacionais é feita via plano estratégico de auditoria, o qual, alinhado ao plano estratégico organizacional, estabelece as diretrizes estratégicas para a atividade de auditoria sintonizadas àquelas das demais áreas organizacionais – políticas, estratégias e objetivos organizacionais em ação.

1.2 As vertentes lógicas para auditoria

A gestão da área de auditoria tem o compromisso organizacional de verificar (validar e avaliar com base no testar e provar) o quadrilátero lógico para a gestão dos negócios, com foco nas vertentes lógicas da gestão e da auditoria da gestão: **problema, estratégia, projeto; governança, qualidade, sustentabilidade; contingência, incerteza, risco**.

A vertente problema, estratégia, projeto estabelece a lógica segundo a qual a gestão da auditoria da gestão é realizada, bem como são estruturados e realizados os projetos dessa área.

A variável problema impõe o raciocínio do desestabilizar/mudar funcionalmente – na visão minimizar falha ou maximizar desempenho –, que é o recurso integrante de evento organizacional.

O evento organizacional é um conjunto de recursos humanos, materiais, tecnológicos e financeiros integrantes do processo/produto de área da entidade privada ou pública, de linha de negócio, de serviços ou de sistema de informações.

O problema organizacional pode ser de origem espontânea (independente da interveniência do gestor) ou induzida (ocorre segundo interesse do gestor ou é provocado por ele).

A gestão como responsabilidade de alcance do amanhã desejado/trabalhado impõe considerar hoje o cenário futuro organizacional frente, inclusive, à vertente contingência, incerteza, risco – o problema e a solução como conhecidos hoje e estruturados como poderão ou deverão ser no amanhã.

A variável estratégia compreende o imaginar, idealizar, formatar a solução para o problema de hoje ou do amanhã na sua configuração para o futuro. A estratégia é condicionada logicamente por políticas organizacionais e define o macro-objetivo da gestão ou a auditoria da gestão a cada momento histórico do negócio com TI.

Toda estratégia é uma hipótese para solucionar um problema, e toda hipótese é uma solução não comprovada. A hipótese necessita de ação com o desenvolvimento de um projeto para a solução do problema.

A gestão estratégica busca a solução ideal – ao considerar soluções alternativas – para o problema no âmbito do conhecimento e do risco hoje detectado e submetido à projeção ou simulação.

Já a variável projeto detalha, desenvolve e instala a solução proposta pela estratégia ao problema do negócio na perspectiva do amanhã.

A gestão do projeto monitora e apura a capacidade de solução do problema proporcionado pelo resultado final ou a alteração de recurso com foco em estabilizar o evento organizacional em um novo patamar tecnológico para a continuidade do negócio privado ou governamental.

A vertente governança, qualidade, sustentabilidade, como diferencial competitivo do ciclo de vida da tomada de decisão, tem as características de:

- espelhar e realizar o trabalho junto à vertente problema, estratégia, produto;
- atender os *stakeholders* para melhor integração e harmonia entre as áreas organizacionais administrativa, técnica, operacional, financeira e contábil.

A governança ganha ênfase na auditoria da gestão ao verificar, explicitar, representar e justificar os cenários alternativos do amanhã diante do impacto da variável contingência, incerteza, risco, para efeito de continuidade com o diferencial competitivo vencedor.

A variável governança lida com o privilégio dos conceitos de transparência e de responsabilidade no trato da vertente problema, estratégia, projeto inerente ao quadrilátero lógico da gestão do negócio por área, linha de negócio ou sistema de informação objeto da auditoria da gestão.

A transparência diz respeito à incumbência de apresentar, de forma clara e correta, o processo/produto e de apurar a intensidade de resolução do problema alcançada.

A responsabilidade se refere a imputar o encargo funcional de realizar/concretizar a mudança decorrente da solução ao problema trabalhado.

O conceito da qualidade tem na assertiva "hoje devemos ser melhores do que ontem, e amanhã, melhores do que hoje" a descrição de seu real papel na condução dos negócios.

A variável qualidade refere-se à modelagem do nível da solução ao problema, estabelecendo a correlação/confrontação (*benchmark*) entre o patamar funcional posterior e aquele anterior ao evento organizacional problema que é objeto de verificação e solução.

O fundamento sustentabilidade pode ser definido como **não esgotar ou recuperar hoje os recursos necessários ao amanhã organizacional**. Detalhando: a variável sustentabilidade conta com a adequação de custos à solução do problema – via estratégia e projeto –, com o objetivo de preservar e recuperar os recursos de hoje que contribuam com a melhor solução no amanhã do evento organizacional problema.

O horizonte presente/futuro organizacional é o ambiente para tratar os problemas organizacionais relativos à sustentabilidade ao lidar com as contingências do negócio.

Essas contingências são trabalhadas com o desenvolvimento e a operação de um plano, que trata das práticas inerentes ao ciclo de vida da contingência.

A variável contingência, com sua característica de imprevisibilidade, é objeto de aposta dos *stakeholders* relacionada aos problemas para a sustentabilidade do negócio.

Realizar aposta na ocorrência ou não do evento contingente deriva da característica de incerteza existente nos eventos do amanhã, os quais podem ou não ser favoráveis aos cenários futuros do negócio.

A aposta no evento contingente diante das incertezas caracterizadas requer escolha daquelas contingências de maior interesse para a gestão ou a auditoria da gestão, delimitando e delineando, dessa forma, o escopo de trabalho do gestor ou do auditor.

A auditoria da gestão é a atividade desenvolvida com a visão de governança, qualidade, sustentabilidade: transparência e responsabilidade em ser amanhã melhor do que hoje, cuidando dos recursos de hoje que serão necessários à qualidade da continuidade organizacional – ênfase nos cenários vencedores do amanhã.

Já a gestão da auditoria da gestão aplica à função auditoria uma abordagem análoga a que a própria auditoria da gestão tem por responsabilidade validar e avaliar; é como conviver com a mesma sistemática gerencial que se busca verificar.

O ato de perseguir a minimização de falhas e maximizar o desempenho da função auditoria e de seus projetos de verificação exercidos revigora e realimenta a lógica organizacional de busca de um vitorioso amanhã funcional – é a gestão da auditoria da gestão reinstalada.

A gestão do negócio privado ou governamental é o ambiente de atuação da função administrativa auditoria, e tem como principal finalidade a tomada de decisão na perspectiva da mudança do processo/produto para a continuidade organizacional.

No âmbito do processo de tomada de decisão e do seu produto (a decisão em si), a gestão trabalha a estrutura do decálogo da decisão considerando os seguintes aspectos:

- ser a entidade de responsabilidade de executivos, gestores e profissionais especializados do negócio privado ou governamental;

- visar ao resultado para a solução do problema organizacional;

- ocorrer no amanhã e ser dependente da variável contingência, incerteza, risco;

- ter um ciclo de validade – a mudança como determinante do processo decisório;

- elevar o patamar tecnológico, homogeneizando a qualidade, a produtividade e a sustentabilidade organizacional;

- ser direcionada à conformidade, customização e inovação;

- ser transparente e visar à governança corporativa;

- ser sustentada por parâmetro/vertente da gestão organizacional;

Capítulo 1 Auditoria da gestão: processo/produto

7

* ser viabilizada com metodologia da gestão e sistema de informação gerencial;
* ser regida pela ideia de aposta no amanhã organizacional.

A mudança da mentalidade gerencial de executivos, gestores e profissionais especializados com convergência de suas práticas administrativas, financeiras, técnicas e operacionais baseadas no decálogo da decisão é o foco da gestão de pessoas.

A gestão de pessoas e a gestão do risco são o veio central da metodologia para a gestão de negócios: comportamento (CCM); risco (DEQ); problema (Swot); estratégia (BSC); ação tática/projeto (PMBOK);[2] meritocracia (BIN/marca própria) – o decálogo da decisão em ação.

A auditoria da gestão valida e propõe mudanças, via recomendação e opinião, para a conformidade, customização e inovação da metodologia para gestão de negócios por meio da metodologia para a auditoria de negócios: validação (AUD); comportamento (CCM); risco (DEQ); problema (Swot); estratégia (BSC); ação tática/projeto (PMBOK); meritocracia (BIN/marca própria) – a auditoria do decálogo da decisão em ação com a auditoria da gestão de pessoas e da gestão do risco incluídas.

1.3 Fundamentos da auditoria

A auditoria considera a ideia de independência como vetor intrínseco para atuação e exercício das práticas do auditor. A independência, conforme o Quadro 1.1, tem seu realce com a liberdade do auditor de realizar projetos de auditoria nos momentos do núcleo duro, considerando os aspectos a seguir.

* Escolher o ponto de controle na perspectiva da responsabilidade de determinar o que, por que e para que validar e avaliar determinado evento organizacional:
  * identificar o problema e entender as estratégias de solução assumidas pelo gestor como ponto de partida para o exercício da atividade de auditoria.

* Determinar e aplicar a técnica de auditoria com foco na eficiência das práticas (menores custos dos processos de auditoria), da eficácia/utilidade dos resultados dos testes efetuados (maiores benefícios dos produtos dos testes de auditoria) e da produtividade (relação da eficácia com a eficiência) da auditoria em ação:
  * conhecer as caraterísticas da técnica de auditoria para exercer os procedimentos nos trabalhos de auditoria;
  * conhecer a natureza das técnicas e dos procedimentos de auditoria – nome, objetivo, breve descrição, observações, exemplos –, que está estruturada no **Capítulo 2**.

---

[2] Organizado pelo Project Management Institute (PMI), o guia *Project Management Body of Knowledge* (PMBOK) é um conjunto de práticas na gestão de projetos, considerado por profissionais da área como a base do conhecimento sobre gestão de projetos.

- Analisar os resultados dos testes com a determinação de provas das fraquezas flagradas:
  * comprovar as fraquezas ou inadequações do ponto de controle (a variável problema/solução como tratada pela gestão) e as respectivas causas e efeitos objetos de verificação.
- Estruturar as provas de auditoria com a evolução da vertente indícios, evidências, provas para robustecer o relatório de auditoria e manter firme posição/ argumentação nos debates para convencimento do auditado relativo à qualidade da recomendação proposta.
- Apresentar a recomendação como alternativa à solução de problema objeto de decisão do gestor – ambiente do relatório de auditoria:
  * direcionar a recomendação a causas ou efeitos como proposição de solução abordada pela gestão.
- Emitir opinião como resumo da intensidade/gravidade das fraquezas flagradas – ambiente do certificado de auditoria:
  * apresentar, de forma sintética, a realidade das fraquezas comprovadas na perspectiva das vertentes da auditoria.

Os Quadros 1.2 e 1.3 apresentam, respectivamente, modelos de certificado de auditoria e de relatório de auditoria – produtos finais da auditoria da gestão.

Quadro 1.2 Estrutura básica do certificado/laudo técnico da auditoria da gestão

CERTIFICADO/LAUDO TÉCNICO DE AUDITORIA DA GESTÃO
Organização
XXXXXXXXXXXXXXXXXXXXXXXXXXXXXXXXXXXXXX
Certificamos que a organização _____ ou área/linha de negócios/de prestação de serviços/ sistema de informações _____ (1) "cumpre" (positivo) ou (2) "cumpre com ressalvas" ou (3) "não cumpre" (negativo) os requisitos básicos exigidos para a continuidade operacional do negócio – na perspectiva da gestão organizacional/de risco/do plano de contingências – com base nos fundamentos, princípios, pressupostos do modelo/metodologia de auditoria da gestão de negócios _____ – de acordo com o relatório do projeto de auditoria da gestão _____ – código do projeto ___/___ – realizado pela organização _____, ou pela área de auditoria interna, e abrange o período de ___/___/____ a ___/___/____. São Paulo, __ de _____ de _____.   _____ Gerente do projeto de auditoria da gestão   _____ Diretor de auditoria da gestão (empresa/departamento de auditoria da gestão)

Quadro 1.3 Conteúdo do relatório de auditoria da gestão

RELATÓRIO DE AUDITORIA DA GESTÃO
Organização
XXXXXXXXXXXXXXXXXXXXXXXXXXXXXXXXXXXXXX

Nome área/linha de negócio/sistema de informações:

_____

Estratégia organizacional/da auditoria da gestão: _____

Código do projeto de auditoria: _____ / _____

Nome do projeto de auditoria: _____

Objetivo/meta organizacional do projeto de auditoria: _____

Período (dia/mês/ano) da auditoria da gestão: de ___/___/_____ a ___/___/_____

Código do ponto de controle (PC): _____/_____/_____

Nome do ponto de controle (PC): _____

☐ Recurso humano   ☐ Recurso material   ☐ Recurso tecnológico   ☐ Recurso financeiro

Momento do PC: ☐ Passado/presente   ☐ Presente/futuro
                          (PC vigente)   (PC contigente/risco)

Requisito de auditoria: ☐ Governança   ☐ Qualidade   ☐ Sustentabilidade

Variável da auditoria: ☐ Conformidade   ☐ Customização   ☐ Inovação

Parâmetro de gestão/   ☐ Efetividade   ☐ Eficácia   ☐ Economicidade
auditoria da gestão:
                      ☐ Produtividade   ☐ Segurança   ☐ Regulamentação/
                                                            legislação

Ciclo de vida da auditoria da gestão (PC – recomendação)

1.1 Maximizar desempenho	☐ FCS (desempenho)	☐ AO (ação)	☐ ID (mensuração)
1.2 Minimizar falhas	☐ SPOF (falha)	☐ MP (ação)	☐ F (mensuração)
1.3 Modelo metodologia de gestão	☐ CCM	☐ DEQ	☐ Swot
	☐ BSC	☐ PMBOK	☐ BIN/marca própria

(Comportamento) / (Risco) / (Problema) / (Estratégia) / (Tática/projeto) / (Reconhecimento/meritocracia)

> **Conclusões:**
> 1. Fraquezas ☐ Vigente ☐ Risco (plano de contigências)
>
> 2. Causas:
>
> 2.1 Recomendações – causas:
>
> 3. Efeitos:
>
> 3.1 Recomendações – efeitos:
>
> São Paulo, _____ de _____ de _____.
>
> _____
> Gerente de projeto de auditoria da gestão

O caráter de utilidade/eficácia/resultado é determinante para a vigência da recomendação e da opinião, as quais, para consumo dos *stakeholders*, são expressas, respectivamente, no relatório e no certificado de auditoria.

Com relação ao núcleo expandido, ao realizar projetos, o auditor deve considerar os aspectos a seguir.

* Conhecer políticas, estratégias e objetivos organizacionais:
  * realizar auditoria da gestão do negócio com TI implica atender a políticas, estratégias e objetivos organizacionais na condução do ciclo de vida do projeto de auditoria – o domínio das três vertentes lógicas para a auditoria.

* Definir área organizacional, linha de negócio ou de serviços; sistema de informações:
  * contemplar projetos de auditoria consoante o plano estratégico de auditoria alinhado ao plano estratégico organizacional.

* Conhecer o evento problema:
  * utilizar a tecnologia da gestão do conhecimento para melhor compreensão da utilidade e funcionalidade dos recursos integrantes do evento problema e respectiva natureza da disfunção administrativa, técnica, operacional e financeira.

* Estabelecer o objetivo da auditoria:
  * determinar a abordagem e a ênfase do teste do recurso do evento organizacional objeto de verificação com explanações ou justificativas mediante a natureza da validação e avaliação;

Capítulo 1 Auditoria da gestão: processo/produto

* especificar os resultados da auditoria esperados.

- Realizar auditoria de acompanhamento para comprovar a efetividade da recomendação efetuada e instalada:
  * mensurar a intensidade da solução ao problema alcançada com a recomendação instalada – o projeto recomendação/mudança em ação.

A duplicidade é outra janela para o entendimento da atividade de auditoria quanto à revisão do processo/produto decisório praticado.

Normalmente, a duplicidade implica a revisão da variável problema/solução, trabalhada pela gestão, com ângulo diferenciado para maior convicção do acerto e da conveniência da solução imaginada e desenvolvida pelo gestor.

É importante destacar que a independência e a duplicidade não excluem a possibilidade de convergência da decisão (concretizada pelo gestor) e da recomendação (proposta pelo auditor) como solução única para o evento problema/ponto de controle objeto de análise e resolução.

1.4 Lógica da auditoria

A auditoria é exercida via projeto e, portanto, tem natureza única e deve ter fim.

O final do núcleo duro do projeto de auditoria implica:

- instalar a recomendação (visão do relatório de auditoria) e, consequentemente, verificar a intensidade da resolução do problema obtida como contribuição ao processo decisório;
- emitir opinião (visão do certificado de auditoria) com resumo da avaliação efetuada junto aos pontos de controle/eventos organizacionais que são objeto de resolução de problemas.

A função administrativa auditoria é a entidade única integrante do ciclo de vida da decisão.

O projeto de auditoria da gestão organizacional verifica e acompanha os seguintes momentos:

- a gestão e a concretização do processo decisório;
- o ciclo de vida da decisão-mudança;
- o ciclo de vida da recomendação-mudança.

A auditoria da gestão do negócio é a atividade, por excelência, responsável pela qualidade da continuidade organizacional.

Dois pilares da lógica dos negócios são: "gestão é decisão" e "auditoria é recomendação", ambos voltados ao horizonte presente/futuro organizacional, no qual a variável contingência, incerteza, risco é mandatória.

Tratar o ciclo de vida do plano de contingência objeto da gestão e da auditoria da gestão é determinante para a governança da qualidade da sustentabilidade organizacional na perspectiva da vertente problema, estratégia, projeto.

O ciclo de vida do plano de contingência abrange desde o apostar no evento contingente até a sua ocorrência – desestabilizador da funcionalidade do recurso integrante de evento organizacional futuro – com sua incorporação ou não à característica técnico-operacional do patamar tecnológico do amanhã do negócio.

O evento contingente (contingência) é um evento que pode ou não ocorrer no amanhã, de forma favorável ou não ao cenário futuro desejado/projetado, e que pode ou não ser controlado.

Dessa forma, toda contingência é incerta, ou seja, deve ser trabalhada para a geração de conhecimento acerca de suas características de ocorrência. Em particular, incerteza impõe gerar conhecimento com maior compreensão de causas e efeitos inerentes ao evento contingente.

A incerteza guarda a dimensão qualitativa, ou seja, quanto mais conhecimento eu tenho da natureza e das características da contingência, maior é a possibilidade de acerto:

* na previsão de sua possibilidade de ocorrência (causas) e natureza de impacto (efeitos) junto aos eventos e cenários futuros do negócio;

* nas práticas para convívio com suas especificidades, na perspectiva de fazer ocorrer os cenários do amanhã pretendidos/formulados.

A incerteza associada à contingência implica a escolha dos eventos contingentes pelos quais eu tenho maior interesse e que têm maior possibilidade de ingerência diante das causas e dos efeitos nos cenários futuros das entidades privadas ou governamentais – a qualidade da hierarquia das contingências é vital para o sucesso da gestão, da operação e da auditoria do negócio com TI.

Com a escolha, priorizo eventos contingentes através da quantificação para verificar a viabilidade de confrontação ou correlação via a ideia de risco.

Enquanto contingência é um evento organizacional do amanhã e incerteza são as características que qualificam esse evento, o risco é a mensuração do evento contingente para efeito escolha da decisão no tratamento desse evento futuro.

A contingência impõe cenários alternativos para o amanhã organizacional, explicitados via plano de contingências.

A decisão e a recomendação são objetos de projeto de mudança (projeto decisão/mudança ou projeto recomendação/mudança), com foco em maximizar o desempenho ou minimizar as falhas do processo/produto da linha de negócios/ prestação de serviços da área organizacional ou do sistema de informações.

O final do núcleo expandido do projeto de auditoria implica qualificar e quantificar a efetividade e a eficácia da recomendação – mudança com a utilização de ferramentas tecnológicas de consumo comuns à gestão e à auditoria da gestão – para garantir:

* visão efetividade – o resultado da recomendação pós-instalação mais aderente à solução pretendida no momento da pré-instalação;
* visão eficácia – o resultado da recomendação mais aderente aos anseios do usuário/consumidor da solução no momento de sua utilização no processo decisório.

O projeto decisão-mudança ou o projeto recomendação-mudança é momento central e decisivo para a utilização das vertentes lógicas da auditoria, lembrando:

* governança, qualidade, sustentabilidade;
* contingência, incerteza, risco.

As vertentes lógicas da auditoria são exercidas junto às funções administrativas planejamento, execução e controle, às quais são de aplicação obrigatória na dinâmica técnico-funcional do processo/produto da logística e da controladoria nos três níveis – estratégico, tático, operacional – das organizações.

A auditoria revisa, com validação e avaliação, as funções administrativas nos três níveis dos negócios.

A qualidade de vida funcional dos *stakeholders* está diretamente relacionada à auditoria de:

* ciclo de vida da linha de negócios/prestação de serviços – momento de engenharia do produto; engenharia do processo; especificação do processo;
* funções administrativas – momento de planejamento, execução, controle, *feedback*; ou ciclo PDCA;
* nível organizacional – momento estratégico, tático e operacional;
* ciclo de vida da decisão – momentos problema, estratégia, projeto; projetos de decisão/mudança ou decisão/recomendação; contingência, incerteza, risco; governança, qualidade, sustentabilidade; planos alternativos de ação; viagem virtual no espaço/tempo gestional; cenários futuros alternativos organizacionais.

A auditoria da vertente governança, qualidade, sustentabilidade, quando associada à vertente contingência, incerteza, risco e a problema, estratégia, projeto obriga a realização da viagem virtual no espaço/tempo gestional com o exercício da engenharia reversa de resultados/cenários futuros alternativos organizacionais (projetados e simulados paralelos) – vide capítulo 3 do livro *Gestão: controle interno, risco, auditoria,*[3] o que determina o diferencial competitivo das organizações de primeira linha.

A viagem virtual no espaço/tempo gestional objeto das três vertentes da auditoria é exercida via práticas inerentes à metodologia para gestão e à metodologia para auditoria da gestão.

> **A auditoria da gestão exercida via as três vertentes lógicas da auditoria é mandatória para a continuidade organizacional.**

O contexto lógico da auditoria da gestão, da auditoria operacional e da auditoria de TI, quando nos momentos gestão da auditoria, auditoria do núcleo expandido e auditoria do núcleo duro, é estruturado conforme o Quadro 1.4 e deve atender à vertente lógica da auditoria, como estudado.

Quadro 1.4 Ambiente de auditoria de negócios

Lógica da auditoria	Momentos auditoria	Gestão da auditoria	Auditoria do núcleo expandido	Auditoria do núcleo duro
Auditoria da gestão do horizonte presente/futuro				
Auditoria operacional do horizonte passado/presente				
Auditoria de TI (TI e negócio)				

1.5 Natureza da auditoria

Auditoria é a função administrativa exercida consoante a dinâmica do processo/produto organizacional, e visa assegurar a melhor gestão e operação do negócio com aplicação da TI para a continuidade organizacional.

---

[3] GIL, A. L.; ARIMA, C. H.; NAKAMURA, W. T. *Gestão:* controle interno, risco e auditoria. São Paulo: Saraiva, 2013.

Dentre as diversas naturezas da auditoria, destacamos:

* auditoria de conflitos;
* auditoria de fraudes;
* auditoria base zero;
* auditoria da previsibilidade patrimonial;
* auditoria de estresse organizacional.

A Figura 1.3 estrutura as auditorias destacadas.

Figura 1.3 Momentos da auditoria da gestão do negócio privado ou governamental

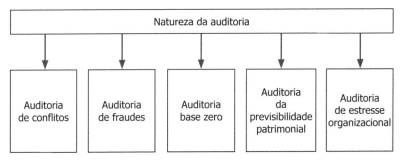

A combinação de uma ou mais das modalidades de auditoria da gestão referenciadas permite melhor resultado ao minimizar falhas ou maximizar o desempenho do processo/produto dos negócios com TI.

1.5.1 Auditoria de conflitos

A auditoria, na perspectiva das vertentes da auditoria, como agente de mudança, gera, convive e soluciona conflitos quando ocorre a evolução de patamar tecnológico do processo/produto organizacional.

Os conflitos organizacionais criam ambiente de intranquilidade/insegurança nas áreas, linhas de negócio, sistemas de informações com reflexos na confiança e segurança na adoção de decisões ou aceitação de recomendações por *stakeholders* privados ou governamentais – a visão do risco e o uso da TI em ação.

Dentre os diversos conflitos organizacionais, destacam-se aqueles relacionados à teoria da agência, como segue.

* Ambiente privado: ocorrem por problemas na condução do negócio derivados de má interpretação intencional ou ocasional – por divergências conceituais, operacionais ou financeiras – pela alta administração das determinações oriundas

de acionistas e investidores institucionais ou individuais, por conselhos de administração e fiscal em ação.

• Ambiente governamental: acontecem por dificuldades legais, gerenciais, operacionais ou financeiras conduzidas inadequadamente pela equipe de estado (funcionários de carreira) diante de plano de governo compromissado pela equipe de governo (políticos eleitos e tecnocratas indicados) com a população eleitora.

Os sistemas integrados de gestão e respectivos bancos de dados organizacionais (tecnologia ERP) devem ser acoplados – via ações de customização – aos momentos lógicos organizacionais, com prioridade à solução dos conflitos organizacionais inerentes à teoria da agência:

• viagem virtual no espaço/tempo gestional;

• vertentes da auditoria;

• metodologia para gestão;

• metodologia para auditoria da gestão;

• plano de contingências organizacionais;

• projeto decisão/mudança organizacional;

• projeto recomendação/mudança organizacional.

A auditoria da sinergia gerada aos negócios pela sintonia da tecnologia ERP aos momentos lógicos organizacionais é decisiva para enfrentar os conflitos organizacionais, com prioridade àqueles relacionados à teoria da agência no âmbito privado ou governamental.

A auditoria da gestão dos negócios baseados na TI – ambiente Sistema Integrado de Gestão (SIG), tecnologia ERP – utiliza o paradigma estabelecido pelo fundamento dos momentos lógicos organizacionais como norte para estimular/conduzir a evolução do patamar tecnológico organizacional – as três vertentes lógicas da auditoria em ação.

A Figura 1.4 estrutura o ambiente central para a auditoria de conflitos com aplicação de TI na auditoria da gestão do negócio e da teoria da agência (foco principal dos conflitos entre *stakeholders*).

O exercício da auditoria de conflitos é realizado com as vertentes inerentes aos momentos lógicos organizacionais. A sociedade e os negócios exigem auditoria da gestão de conflitos.

Figura 1.4 Ambiente central para a auditoria de conflitos

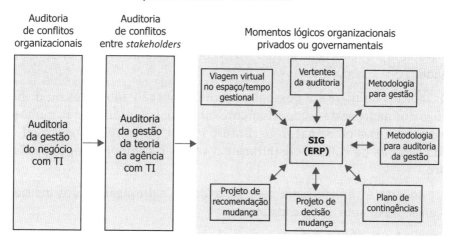

1.5.2 Auditoria de fraude

A auditoria de fraude é caracterizada por verificar ação deliberada/intencional em que o agente, para benefício monetário próprio ou não, agride/desestabiliza o ativo intangível, na perspectiva da vertente falhas *versus* desempenho, descumprindo o controle interno (leis, regulamentos, contratos, normas, práticas institucionalizadas, documentação de sistemas de informações).

A fraude é momento organizacional de falha máxima.

Momentos do tratamento de fraudes, quando da gestão ou da auditoria da gestão, são descritos a seguir.

* Os modelos/metodologias/práticas da gestão ou da auditoria da gestão estagnados, em que os profissionais cumprem práticas para a consecução do processo/produto de forma monocórdica ou dispõem de cargos vitalícios, "pedem" para ser fraudados.

* A mudança/transformação/inovação desestabiliza os modelos e as práticas delituosas porque impõem mudanças no *modus operandi* do fraudador, mas, também, pode serem a gênese da fraude.

* Na análise dos resultados dos testes, e quando se confirmam provas alcançadas pela auditoria da gestão, os eventos contingentes de fraudes são objeto de aposta, ou seja, a visão preventiva e preditiva no tratamento pelo auditor do horizonte presente/futuro implica apostar na minimização de falhas ou na maximização de desempenho na perspectiva de fraudes e trabalhar para que aconteçam.

O descumprimento deliberado do processo/produto recomendado (visão de não conformidade fraudulenta) com a obtenção de benefícios indevidos para seu autor é outro foco da auditoria da gestão de fraudes.

A gestão e a auditoria da gestão lidam com a vertente indício, evidência, prova de fraude.

Os indícios de natureza pessoal ou profissional são anomalias ou disfunções com fuga dos padrões de comportamento individual ou profissional, muitas vezes de forma repetitiva ou de natureza conturbada ou, por vezes, inexplicável – o desafio da sintonia da cultura organizacional *versus* o comportamento profissional em foco.

A evidência é caracterizada pelo acúmulo ou extravagância dos indícios com forte convicção quanto ao dolo instalado.

A prova é a evidência formatada para efeito recomendação e opinião com reflexo no relatório de auditoria e no certificado de auditoria.

A reciclagem do processo/produto, exercida via gestão (a função administrativa controle) ou auditoria das práticas organizacionais, limpa/clareia dúvidas e impõe novas análises e testes aos eventos futuros do negócio – eventos fraudulentos inclusos.

Associada à fraude temos como entidade constante o evento corrupção, com o qual o ato ilícito se amplia e exige mais esforço e trabalho de campo no projeto de auditoria do negócio com TI.

A corrupção é o momento a considerar na análise dos resultados dos testes efetuados, principalmente quanto a causas e efeitos indicativos ou comprobatórios de vigência de fraude.

A conivência também é objeto de provas nos testes realizados e assunto de busca na análise dos resultados desses mesmos testes.

É a vertente auditoria de fraude, corrupção, conivência como fragilidade dos projetos de auditoria deste século XXI.

1.5.3 Auditoria base zero

A auditoria trabalhada segundo os momentos lógicos organizacionais pode ser exercida na modalidade auditoria base zero, na qual a importância dos trabalhos de auditoria anteriormente realizados é relativizada (menor ênfase à auditoria recorrente), e a visão organizacional da auditoria da não recorrência e do acaso/simulação é maximizada.

A auditoria base zero é vitoriosa quando ferramentas de auditoria exercidas de forma sistemática demonstram exaustão, com a não identificação de falhas ou

Capítulo 1 Auditoria da gestão: processo/produto

dificuldades na proposição de melhorias de desempenho, e a reciclagem na lógica de auditoria faz a diferença:

* pontos de controle diferenciados;
* novas combinações de técnicas de auditoria aplicadas;
* análises mais acuradas de causas e de efeitos das fraquezas identificadas com provas que permitam recomendações de maior impacto de solução;
* análise de risco mais intensa com força no estresse da fraqueza e consequente opinião consubstanciada.

A lógica da auditoria base zero impõe o exercício do enfoque do estresse da fraqueza/recomendação/opinião como pilar de uma auditoria mais participativa e integrante do processo/produto da tomada de decisão organizacional.

O constante/intenso processo de mudança no ambiente do negócio com TI (visão dos recursos componentes do evento organizacional/ponto de controle) e a variação da vertente da auditoria problema, estratégia, projeto direcionam os trabalhos de auditoria à ideia da auditoria base zero.

A auditoria base zero impõe ao auditor grande esforço técnico-operacional quando trabalha o núcleo expandido do projeto de auditoria (vide Quadro 1.1), com acurado tratamento das fases a seguir.

* Conhecer políticas, estratégias e objetivos organizacionais para maximizar desempenho e minimizar falhas dos trabalhos de auditoria, permitindo qualidade máxima a recomendações e opinião quando alcançadas ou emitidas.
* Definir e entender a área organizacional, linha de negócio ou de serviço, sistema de informação no sentido de processo/produto, inclusive com ênfase à vertente lógica de auditoria:
  * problema, estratégia, projeto;
  * governança, qualidade, sustentabilidade;
  * contingência, incerteza, risco.
* Conhecer o evento problema na perspectiva da vertente de auditoria problema, estratégia, projeto: a aplicação da gestão do conhecimento ao entendimento da vertente de auditoria torna os resultados repetitivos ou insignificantes.
* Estabelecer o objetivo da auditoria encapsulado pela vertente de auditoria governança, qualidade, sustentabilidade: o risco apurado das auditorias precedentes mantém-se estável, indicando repetição nas definições dos objetivos da auditoria.

- Realizar auditoria de acompanhamento para confirmar o resultado da recomendação implantada: as visões efetividade e eficácia não demonstram adequada evolução administrativa, técnica, operacional e financeira.

A tecnologia da informação é importante para manter bancos de dados com as auditorias realizadas e gerar indicativos de esgotamento técnico-operacional das auditorias anteriormente efetuadas, induzindo à maior utilidade da realização de auditoria base zero.

O uso constante das mesmas técnicas de auditoria (natureza e lógica) e das recomendações repetitivas é o principal sinal da necessidade de projetos de auditoria realizados em novas bases lógicas.

1.5.4 Auditoria da previsibilidade patrimonial

A previsibilidade patrimonial é o momento especial para a atuação da auditoria da gestão face a definir a continuidade operacional do negócio ao verificar a capacidade de convergência da logística com a controladoria no horizonte presente/futuro.

A auditoria da previsibilidade patrimonial une as práticas da auditoria contábil com aquelas de natureza da auditoria da operação e da gestão organizacional.

O reflexo contábil financeiro da recomendação, espelhado junto a demonstrações de controladoria projetadas ou simuladas, garante importância e vigência à auditoria da gestão.

O ecumenismo tecnológico como peça-chave para o sucesso empresarial direciona os esforços da auditoria da gestão para a vertente da auditoria da previsibilidade patrimonial.

A verificação da gestão da previsibilidade patrimonial atinge/cobre situações organizacionais com as seguintes naturezas:

- antecipar, apostar no Ebitda[4] ou no patrimônio líquido de exercícios futuros organizacionais;
- especular transações contábeis derivadas, oriundas ou associadas às transações operacionais no horizonte presente/futuro organizacional;
- registrar operações de derivativos (contratos derivados, na maior parte de seu valor, de um ativo subjacente, taxa de referência ou índice – podem ser físicos (ouro, café etc.) ou financeiros (ações, taxas de juros etc.), os quais podem ser classificados em contratos a termo, contratos futuros, operações de *swaps*, contratos de compra e venda etc.).

---

[4] Significa: lucros antes de juros, impostos, depreciação e amortização, do inglês *earnings before interest, taxes, depreciation, and amortization*.

Capítulo 1 Auditoria da gestão: processo/produto

A auditoria da previsibilidade patrimonial verifica o impacto operacional/contábil/financeiro dos projetos de mudança de natureza de conformidade, customização, inovação.

As entidades do ciclo de vida do negócio – problema, estratégia, tática/projeto de mudança – dão o respaldo lógico para a gestão e a auditoria da gestão da previsibilidade patrimonial.

As visões da logística e da controladoria do amanhã são estruturadas hoje, inclusive, como antecipação das variações patrimoniais oriundas dos projetos de mudança inerentes às variáveis conformidade, customização, inovação.

Os projetos de auditoria da gestão implicam testar, provar, recomendar, opinar, acompanhar a previsão patrimonial baseada nas entidades do ciclo de vida do negócio – a vertente lógica da auditoria em ação.

A previsibilidade patrimonial incorpora as práticas e a tecnologia para exercício do fundamento da não recorrência ou acaso/simulação, submetido à vertente da gestão e da auditoria da gestão contingência, incerteza, risco.

A sistemática da auditoria da previsibilidade patrimonial estruturada viabiliza maior confiança e compreensão pelos *stakeholders* da orientação futura (*forward guidance*) dos negócios, por meio da confirmação da sinalização das intenções das entidades privadas ou governamentais acerca da trajetória, no amanhã, dos resultados operacionais/contábeis/financeiros inerentes ao planejamento estratégico e tático organizacional.

A auditoria da previsibilidade patrimonial percorre o caminho da convergência da auditoria operacional e da gestão com a auditoria contábil-financeira, ao validar e avaliar a possibilidade de eficácia da orientação futura.

A análise da sistemática exposta permite a incorporação da lógica orientação futura como padrão da governança da logística e da controladoria e é importante instrumento para a sustentabilidade dos negócios privados ou governamentais diante dos eventos contingentes.

A auditoria da previsibilidade patrimonial/*forward guidance* – orientação futura (visão contábil/financeira da logística do amanhã do negócio) – é assunto de organização com capacidade tecnológica, em que metodologias para gestão ou auditoria da gestão das atividades de logística e contábil-financeira são exercidas com ferramentas tecnológicas direcionadas ao horizonte presente/futuro.

O objetivo central da auditoria da previsibilidade patrimonial implica a verificação da lógica e estruturação dos processos do amanhã e de seus respectivos produtos que são cenários a alcançar, conforme os momentos a seguir.

- **Logística:**
  - planejamento estratégico e tático;
  - projetos de decisão ou recomendação/mudança;
  - engenharia do produto;
  - teoria da agência.
- **Controladoria:**
  - planejamento orçamentário;
  - investimentos;
  - projeções financeiras;
  - controladoria estratégica.

A intensidade das mudanças no processo/produto organizacional impõe novas abordagens à gestão e à auditoria da gestão dos negócios privados ou governamentais, à medida que antecipar o amanhã é o diferencial competitivo definitivo.

O redesenho do processo/produto no amanhã organizacional é **atividade inerente** a modelos e metodologias para gestão ou auditoria da gestão da previsibilidade patrimonial.

O diferencial competitivo das organizações privadas ou governamentais passa pelo fundamento gestão ou auditoria da gestão da previsibilidade patrimonial, o qual é mandatório para a continuidade organizacional.

1.5.5 Auditoria de estresse organizacional

A qualidade da auditoria está diretamente ligada ao seu exercício junto:

- aos eventos organizacionais/pontos de controle vitais ao adequado funcionamento de áreas organizacionais, linhas de negócio/de serviços ou sistemas de informações de alto valor agregado ao processo/produto empresarial – visão da materialidade do evento organizacional/ponto de controle como referencial à ideia de vital/crítico;
- ao limite funcional (técnico-operacional) desses mesmos eventos organizacionais/ pontos de controle críticos ou decisivos para o bom processo/produto do amanhã dos negócios.

A capacidade de convivência dos eventos organizacionais/pontos de controle com a variável de auditoria contingência, incerteza, risco é momento crucial para o horizonte presente/futuro organizacional.

Capítulo 1 Auditoria da gestão: processo/produto

O momento de determinar e aplicar a técnica de auditoria ocorre quando o núcleo duro dos projetos de auditoria impõe a extensão dos testes aos limites funcionais do ponto de controle com, por exemplo:

* grande volume de dados para os testes efetuados;
* largos limites para testes com eventos contingentes ao considerar maior número de contingências;
* maior extensão qualitativa e quantitativa de causas e de efeitos das falhas e do desempenho dos pontos de controle objetos de verificação;
* recomendações efetuadas por faixa de solução ao problema verificado, com respectiva mensuração de efetividade e eficácia.

O evento organizacional crítico chamado fator crítico de sucesso (FCS) é do arbítrio do gestor e tem seu recurso desestabilizado pelo *single point of failure* (SPOF), ou falha.

O FCS e o SPOF, objetos de análise do gestor via *brainstorming*, têm seu nível de importância estabelecido por atender às estratégias organizacionais ou a objetivos de projetos de decisão/mudança ou recomendação/mudança.

O ponto de controle (PC) pode ser criado pelo auditor independentemente do critério do gestor ou pode ser gerado como consequência de escolha do FCS/SPOF anteriormente considerado pelo gestor.

Portanto, a auditoria de estresse organizacional é exercida junto ao PC de naturezas:

* PC-FCS – auditoria do fator crítico de sucesso – somente verifica o fator maximizar desempenho;
* PC-SPOF – auditoria do ponto da falha – somente verifica o fator minimizar falha;
* PC-SPOF/FCS – auditoria da agressão da falha ao desempenho do recurso do evento organizacional – verifica o fator minimizar falha concomitante ao maximizar desempenho.

Cada entidade do núcleo duro da auditoria é de uso no exercício de cada tipo/momento/natureza da auditoria, conforme estruturado no Quadro 1.5.

Quadro 1.5   Sintonia entre núcleo duro e natureza da auditoria

Núcleo duro auditoria \ Momentos da auditoria	Auditoria de conflitos	Auditoria de fraude	Auditoria base zero	Auditoria da previsibilidade patrimonial	Auditoria do estresse organizacional
Escolher PC					
Determinar, aplicar técnica de auditoria					
Analisar resultados de testes					
Apresentar recomendação					
Emitir opinião					

1.6 Tópicos especiais de auditoria

Auditoria é a atividade exercida em todos os momentos organizacionais e tem como especial característica a independência com responsabilidade na escolha dos PC e respectivos projetos de auditoria e na apresentação de recomendações e emissão de opinião.

Entretanto, alguns momentos da auditoria empresarial são especiais, dentre os quais destacamos:

* auditoria da teoria da agência;
* auditoria estratégica;
* auditoria tática/de projetos;
* auditoria da governança;
* auditoria do risco.

O Quadro 1.6 estrutura a sintonia do núcleo duro com tópicos especiais da auditoria.

Quadro 1.6   Sintonia entre núcleo duro/tópicos especiais da auditoria

Núcleo duro auditoria \ Tópicos especiais da auditoria	Auditoria da teoria – agência	Auditoria estratégica	Auditoria tática – projetos	Auditoria – governança	Auditoria – risco
Escolher PC					
Determinar e aplicar técnica de auditoria					
Analisar resultados de testes					
Apresentar recomendação					
Emitir opinião					

1.6.1 Auditoria da teoria da agência

A auditoria da teoria da agência contempla verificar os conflitos em processos decisórios (decisão com correspondente instalação) em termos dos tomadores de decisão e dos responsáveis por sua implantação e cumprimento – abordagem dos interesses dos *stakeholders*.

1.6.1.1 Gestão da teoria da agência

A teoria da agência é a área do conhecimento interessada em tratar as alternativas de decisão/projetos de mudança, orientadas para maior eficácia/resultado/utilidade da solução ao problema, diante de conflitos de interesse vigentes ou futuros entre os *stakeholders* centrais do negócio privado ou governamental – acionistas *versus* equipe diretiva no ambiente privado ou população *versus* equipe de governo e equipe de estado, ou, ainda equipe de governo *versus* equipe de estado no ambiente governamental.

A gestão da teoria da agência lida com os conflitos de interesses dos agentes envolvidos com decisões estratégicas e táticas no âmbito dos *stakeholders* centrais de duas esferas.

* Organização privada: equipe financiadora/investidores – acionistas/representantes do capital (conselho de administração/conselho fiscal) – *versus* equipe executiva/dirigente (alta administração, gestores, profissionais especializados com participação nos resultados financeiros do negócio) são responsáveis por decisões estratégicas e táticas (momento gestão).

  É objetivo da equipe financiadora/investidores obter o máximo do retorno do capital equilibrado em sintonia com a continuidade do negócio obtida por novos investimentos em expansão, bem como em pesquisa e inovação para novas linhas de negócio ou serviços.

  É tarefa da equipe executiva/dirigente adotar decisões com foco no máximo retorno financeiro individual/pessoal (visão bônus), sem ou com mínimo prejuízo à continuidade do negócio e com identificação e produção de tendências de mercado e geração de oportunidades de novos negócios, principalmente por meio de pesquisa e inovação – a atividade espionagem no contexto.

* Entidade governamental: equipe de governo (representantes da sociedade/população, os políticos e tecnocratas do partido vencedor das eleições) *versus* equipe de estado (servidores da sociedade/população, executivos, gestores e demais funcionários públicos de carreira) visam manter a máquina estatal funcionando conforme a Constituição, a legislação e as regulamentações vigentes (controle interno governamental). São responsáveis pelos ajustes necessários às

adequações pertinentes ao processo/produto da área pública para a evolução da sociedade.

É tarefa da equipe de governo instalar o programa de governo escolhido pela sociedade diante de eleições livres e democráticas.

A tarefa da equipe de estado é apoiar a equipe de governo adequando/ ajustando/sintonizando o programa de governo e as leis, regulamentações e demais especificações do controle interno governamental.

A atuação integrada da entidade equipe de governo com a equipe de estado é o ambiente central da teoria da agência para abrandar ou eliminar os conflitos de interesse vigentes ou potenciais.

Portanto, a gestão da teoria da agência compreende acompanhar o ciclo de vida da decisão adotada, nos momentos:

* organização privada – quando a solução de um problema e o alcance dos objetivos relacionados às estratégias organizacionais ocorrem por ação dos integrantes da alta administração, com submissão via relatórios e explanações orais aos representantes dos acionistas/investidores (conselho de administração e conselho fiscal);

* entidade governamental – quando o cumprimento do programa de governo é comandado pela equipe de estado, com submissão de relatórios e explanações orais à equipe de governo, conforme a estrutura lógica do controle governamental interno e externo vigente.

A TI no momento SIG-ERP, inclusive no ambiente *cloud computing*, é entidade indispensável para a gestão da teoria da agência e é objeto da revisão exercida pela auditoria da gestão da teoria da agência com TI.

O relatório de diagnóstico da teoria da agência é o **documento a emitir** na gestão da teoria da agência e, portanto, é ponto de controle privilegiado de projetos de auditoria da teoria da agência.

1.6.1.2 Auditoria da gestão da teoria da agência

A auditoria da gestão da teoria da agência insere a variável recomendação (estratégica ou tática) com o objetivo de maximizar desempenho ou minimizar falha na evolução do processo/produto organizacional (privado ou governamental) inerente à governança da qualidade da sustentabilidade.

A gestão e a auditoria da gestão no ambiente da teoria da agência têm como enfoque o projeto de "decisão de mudança da agência e da iniciativa privada ou governamental" e o "projeto de recomendação de mudança da agência e da iniciativa privada ou governamental" – as modalidades de decisão ou de recomendação em ação.

> **Observação:** para entender melhor a teoria da agência, leia o capítulo 7 do livro *Gestão pública municipal de alto desempenho*.[5]

A auditoria da teoria da agência é o momento particular da auditoria da gestão vital ao sucesso operacional e financeiro do negócio privado ou governamental. Essa auditoria considera a variável testar, provar, recomendar, opinar, acompanhar para minimizar os conflitos de interesse:

* na organização privada – basicamente, equipe financiadora/investidores e equipe executiva/dirigente;
* na entidade governamental – prioritariamente, equipe de governo e equipe de estado.

As recomendações estratégicas e táticas relacionadas às decisões estratégicas e táticas são o momento principal da auditoria da gestão da teoria da agência.

> **A auditoria da gestão tem seu momento *highlight* quando são comprovados sua utilidade, sua eficácia e seu resultado, com recomendações para alternativas de decisão diante de conflitos de interesse na solução de problemas relacionados à teoria da agência nos ambientes, tanto na organização privada quanto na entidade governamental.**

A teoria da agência no momento de gestão ou auditoria gera e soluciona conflitos e, portanto, cria um ambiente de insegurança para os *stakeholders* – é a transformação ou evolução do processo/produto organizacional sob a vigência da variável contingência, incerteza, risco.

Os conflitos de interesse futuros devem ser objeto de tratamento preferencial, com práticas de previsibilidade organizacional (inteligência e conhecimento do ciclo de vida do negócio em ação); engenharia do produto e engenharia do processo; especificação do processo (estratégias organizacionais e projetos de mudança como *guidelines*).

O foco nas contingências oriundas do modelo Swot (*strength*/força; *weakness*/fraqueza; *opportunity*/oportunidade; *threat*/ameaça), para tratar problemas com interveniência da variável contingência, incerteza, risco, é o momento da auditoria da gestão dos conflitos organizacionais – todo problema no horizonte presente/futuro é contingente.

Os profissionais integrantes das equipes de investidores, de governo, de estado e o dirigente devem conhecer a tecnologia e a lógica inseridas em metodologias para

---

[5] GIL, A. L.; GALVÃO, P. R.; OLIVEIRA JUNIOR, R. *Gestão pública municipal de alto desempenho*. Curitiba: Juruá, 2016.

gestão ou auditoria da gestão da teoria da agência a fim de poder elaborar um plano estratégico, ou plano ou projeto tático, capaz de enfrentar fraude, incompetência, sabotagem, corrupção e conivência no horizonte presente/futuro organizacional.

O prejuízo econômico e à imagem institucional devido a esses fatores é assunto relevante – a corrupção como prioridade da governança corporativa e, seguramente, como foco de interesse da auditoria da teoria da agência.

> **Tratar crise organizacional dolosa ou de incompetência, incapacidade, inconsistência, desrespeito administrativo, técnico ou operacional, diante de conflitos de interesse, é foco da gestão e da auditoria da gestão da teoria da agência.**

Os problemas e as fraquezas organizacionais e suas correspondentes decisões e recomendações decorrentes da teoria da agência[6] (o conflito entre os interesses do principal e do agente no âmbito do negócio privado ou governamental; a governança corporativa – transparência – é objeto da gestão e da auditoria da gestão) são refletidos no:

* balanço intelectual;[7]
* certificado de auditoria da gestão;
* relatório de auditoria.

Os conflitos de interesse inerentes à teoria da agência são de natureza técnica, operacional, financeira e gerencial e são o foco dos *stakeholders* – no direcionamento da lógica e das conclusões do ciclo de vida da gestão ou da auditoria da gestão – para melhor conhecimento do desempenho ou das falhas do negócio.

Os conflitos de interesse relacionados à teoria da agência são particularmente intensos em dois ambientes.

* Ambiente das entidades privadas: entre os acionistas e investidores e o corpo diretivo organizacional, da cadeia de suprimentos – *supply chain* (alta administração, direção intermediária, profissionais especializados, executivos e gestores de empresas terceiras, auditores internos ou externos) diante das diretivas do conselho de administração e do conselho fiscal, nos momentos:
  * gestão exercida – decisões e projetos de mudança;
  * auditoria praticada – recomendações e projetos de auditoria.

---

6   GIL; GALVÃO; OLIVEIRA JUNIOR, 2016.

7   GIL, A. L.; ARNOSTI, J. C. *Balanço intelectual.* São Paulo: Saraiva, 2010.

Capítulo 1 Auditoria da gestão: processo/produto

- Ambiente das entidades governamentais: entre a sociedade (pessoas jurídicas e físicas) e a equipe de governo (governantes, secretários, assessores); entre a sociedade e a equipe de estado (diretores, gestores públicos, chefes de áreas governamentais, servidores públicos, todos integrantes da logística, da controladoria e da auditoria estatal); entre a equipe de governo e a equipe de estado, diante das diretivas e dos compromissos assumidos pelo Programa de Governo; Plano Plurianual (PPA); Lei de Diretrizes Orçamentárias (LDO); Lei Orçamentária Anual (LOA) e demais projetos governamentais, nos seguintes momentos:

  * gestão realizada – decisões e projetos para a mudança da sociedade;

  * auditoria praticada – recomendações e projetos de auditoria para alavancar e confirmar o progresso tecnológico com a ascensão da sociedade.

Os interesses dos acionistas/investidores estão expressos nas atas de reunião do conselho de administração e do conselho fiscal, e aqueles da população e da equipe de governo, no programa do partido eleito por votação direta.

A participação, a responsabilidade e as expectativas de representantes dos acionistas/investidores, inclusive dos minoritários, integrantes de conselhos de administração e fiscal – no ambiente da iniciativa privada – e da equipe de governo (mandantes e mandatários) na elaboração do Programa de Governo; PPA; LDO e LOA – no ambiente governamental –, são o foco dos trabalhos da auditoria da gestão privada ou governamental.

> **O mandante responde pelos atos do mandatário, mas o mandatário não responde pelos atos do mandante.**

Na organização privada, os conflitos de interesse entre equipe de investidores e dirigente são caracterizados no não alinhamento, com descumprimento total ou parcial, por incompetência ou dolo, de:

- decisão estratégica privada – neste caso, a decisão estratégica aprovada/determinada pela equipe financiadora/investidores, para encaminhamento da solução de um problema/estratégia organizacional, não é acatada pela equipe executiva/dirigente, por incompetência ou por fraude funcional, por exemplo: o valor do investimento ou o dispêndio financeiro (de preferência, na visão orçamento base zero) na área de engenharia do produto não é alcançado.

- decisão tática privada – neste caso, o projeto de mudança, responsável pelo detalhamento e pela instalação da estratégia como solução do problema (a variável problema, estratégia, projeto no foco), consoante a visão e determinação da equipe financiadora/investidores, não é concretizado pela equipe executiva/dirigente, por incompetência ou fraude funcional (técnico-operacional).

Por analogia, na área pública, a teoria da agência governamental tem lógica similar com:

- decisão estratégica governamental – a solução dos problemas da sociedade configurada no plano de governo, caracterizada como decisão estratégica governamental e de responsabilidade assumida junto à sociedade pela equipe de governo, aceita e aprovada pelo voto da população consoante a eleição democrática, não é priorizada ou buscada pela equipe de estado – características de incompetência ou dolo no foco.

- decisão tática governamental – o ciclo de vida do projeto de mudança configura--se inconcluso ou fragilizado diante da incapacidade técnico-operacional ou de prática dolosa da equipe de estado na solução de um problema da sociedade baseada no plano de governo.

A auditoria da gestão da teoria da agência exerce sua atividade recomendação/opinião preventiva, detectiva ou corretiva na atuação com a vertente testar, provar, recomendar, opinar, acompanhar junto à lógica da gestão da teoria da agência, no ambiente privado ou governamental, no momento estratégico ou tático – as metodologias AUD, CCM, DEQ, Swot, BSC, PMBOK e BIN/marca própria em ação.

Na perspectiva das metodologias CCM, DEQ, Swot, BSC, PMBOK e BIN/marca própria (visão gestão) ou AUD, CCM, DEQ, Swot, BSC, PMBOK e BIN/marca própria (visão auditoria), a teoria da agência é vista e tratada conforme a variável cultura organizacional *versus* comportamento funcional (técnico-operacional) – a vigência da metodologia CCM em ação.

A gestão do negócio e a auditoria da gestão do negócio, exercidas com práticas e tecnologias incorporadas, respectivamente, à metodologia para a gestão da teoria da agência e à metodologia para a auditoria da gestão da teoria da agência, devem apresentar justificativas sustentadas pelas variáveis:

- modelagem matemática do risco;
- gestão do conhecimento;
- parâmetros da gestão;
- evento organizacional;
- gestão por indicadores/métricas.

Essas variáveis são consubstanciadas no Balanço Intelectual (BIN), em que a variação alcançada ou pretendida para as métricas dos indicadores da qualidade da sustentabilidade (falhas *versus* desempenho) é determinada no horizonte M1 ..... Mn.

Observações:

* para melhor conhecer o que, como e para que utilizar a variável indicadores/métricas para a gestão dos processos decisórios, sugerimos ler o livro *Balanço intelectual*;[8]

* para melhor compreender a metodologia para a auditoria da gestão AUD, CCM, DEQ, Swot, BSC, PMBOK e BIN/marca própria a fim de validar a gestão da teoria da agência, sugerimos a leitura dos capítulos 1, 2 e 3 do livro *Gestão: controle interno, risco e auditoria*.[9]

Os produtos finais da gestão da teoria da agência ou da auditoria da gestão da teoria da agência implicam, respectivamente, a emissão de relatório diagnóstico da teoria da agência (momento gestão), relatório de auditoria e certificado de auditoria da gestão da teoria da agência (momento auditoria)

Os trabalhos/projetos de diagnóstico e de auditoria da teoria da agência dão respaldo à correta e produtiva gestão do negócio privado ou público e estabelecem a mediação dos conflitos de interesse nos ambientes da:

* organização privada;
* entidade governamental.

A competência e a lisura na condução da propriedade privada ou no trato da coisa/ do bem público, como exigência da governança da qualidade da sustentabilidade corporativa e como consequência das boas práticas do desenvolvimento sustentável, são características do gestor e do auditor competente e responsável.

1.6.2 Auditoria estratégica

A auditoria da gestão cobre um ciclo de atividades da organização com a comprovação do atendimento às estratégias organizacionais pelos diversos segmentos do negócio.

Essas estratégias são oriundas do trabalho de inteligência efetuado por uma área específica de assessoria à alta administração, a qual, utilizando tecnologias para a gestão do conhecimento, particularmente com o uso da TI nos seus momentos *competitive intelligence* (CI) ou *business intelligence* (BI), produz maior entendimento da concorrência, do mercado e da força intrínseca ao negócio, para um horizonte presente/futuro sustentável.

---

[8] GIL; ARNOSTI, 2010.
[9] GIL; ARIMA; NAKAMURA, 2013.

As estratégias da auditoria são elaboradas com base nos estudos estratégicos organizacionais, os quais devem também ser objeto de projetos de auditoria para a confirmação da coerência lógica e factibilidade de alcance – a auditoria estratégica no foco.

O processo decisório é de exercício coletivo/por equipe (executivos, gestores, profissionais especializados e auditores), e a participação da auditoria gera um conhecimento melhor e mais amplo das estratégias e da sintonia com o projeto de implantação de mudança – decisão ou mudança –, recomendação preconizada/ desejada para melhor qualidade, máxima segurança, maior produtividade e força à sustentabilidade do negócio.

A gestão atua com ênfase em eventos organizacionais prioritários FCS diante das estratégias empresariais traçadas, e a auditoria torna esses ou outros eventos organizacionais, segundo seus critérios exclusivos, como PCs – a gestão do risco e a gestão do conhecimento como ferramentas primordiais para escolher/priorizar FCS/ SPOF – estratégia ou tática ou PC – estratégia ou tática na gestão do negócio, da auditoria da gestão, da gestão da auditoria da gestão.

1.6.2.1 Gestão estratégica

A gestão estratégica visa ao planejamento e controle estratégicos associados aos projetos de decisão – mudança ou recomendação –, mudança para otimizar o uso dos recursos e melhorar os resultados organizacionais em função de um plano estratégico.

Aumentar a produtividade e alinhar melhor a organização diante de concorrentes e do mercado impõem a existência de caminhos seguros, com alternativas diante dos riscos ao negócio no horizonte presente/futuro – o alcance de objetivos como foco.

O planejamento estratégico deve ter sintonia fina com o planejamento tático (visão projetos de mudança) e o planejamento operacional, e é determinado pelo conselho de administração e pela alta administração para o cumprimento pela equipe diretiva (diretores, assessores e gerentes) do negócio privado ou público.

Tratar os problemas no longo prazo, com conhecimento externo e interno ao negócio e segundo parâmetros como missão e valores organizacionais, é o foco das atividades estratégicas. São elementos para desenvolver e concretizar estratégias:

Auditoria da gestão: processo/produto

- mapa estratégico;
- indicadores;
- metas;
- fatores críticos de sucesso/ponto de falha.

O mapa estratégico estabelece o inter-relacionamento entre as diversas variáveis externas das seguintes naturezas:

- concorrentes;
- governo;
- *stakeholders* externos ao negócio.

Metas estratégicas são os objetivos estratégicos quantificados.

A inteligência organizacional, com aplicação de técnicas e procedimentos de gestão do conhecimento, busca trabalhar informações no:

- ambiente externo organizacional – com as vertentes 5W2H, causas, efeitos e vantagens; necessidades; restrições ao atual e aposta no futuro estado do mercado e de organizações concorrentes no tocante a recursos humanos, materiais, tecnológicos e financeiros para a continuidade do negócio;
- ambiente interno organizacional – com a sintonia fina entre o comportamento profissional e a cultura organizacional vigente ou futura.

A inteligência organizacional, como ferramenta para desenvolver e monitorar o cumprimento das estratégias, visa melhorar a capacidade de competitividade organizacional.

1.6.2.2 Auditoria da gestão estratégica

A estrutura lógica do processo/produto da auditoria da gestão compreende os macromomentos – ver Figura 1.5:

- plano estratégico de auditoria;
- projeto de auditoria estratégica;
- relatório de auditoria estratégica;
- certificado de auditoria estratégica;
- auditoria de acompanhamento estratégico.

Figura 1.5 Macromomentos da auditoria da gestão

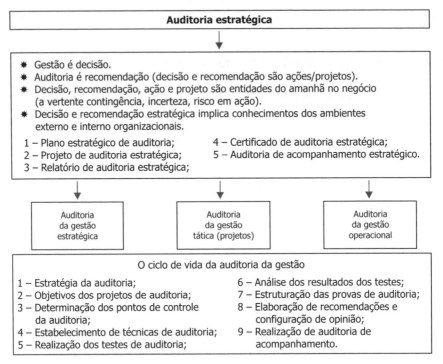

O **plano estratégico de auditoria da gestão**, sintonizado ao plano estratégico da empresa, tem como conteúdo a estratégia da auditoria da gestão a que os projetos de auditoria da gestão devem atender, via objetivos e metas, ao abranger um período de tempo comum para a gestão e a auditoria da gestão, com ênfase em maximizar desempenho e minimizar falhas estratégicas organizacionais.

O **projeto de auditoria da gestão estratégica** verifica as condições do processo/produto do negócio ao atender às estratégias empresariais/de auditoria com o percurso do espaço/tempo da auditoria do ponto de controle à recomendação/opinião estratégica.

O **relatório de auditoria da gestão estratégica** contém as conclusões alcançadas a cada ponto de controle estratégico/recomendação estratégica apostada (ao final do projeto de auditoria estratégica) ou instalada (ao final da auditoria de acompanhamento estratégico), as quais sustentam a opinião certificada estratégica.

O **certificado de auditoria da gestão estratégica** sintetiza a situação da gestão estratégica na perspectiva da opinião formalizada no ciclo de vida da auditoria (projeto finalizado de auditoria estratégica ou auditoria de acompanhamento estratégico concluído).

Capítulo 1 Auditoria da gestão: processo/produto

A **auditoria da gestão de acompanhamento estratégico**, realizada via projeto, dá sequência ao projeto de auditoria da gestão estratégica com o objetivo de monitorar a instalação da recomendação – estratégia aceita pelo gestor auditado (acionistas ou alta administração) – e confirmar o impacto proporcionado pela mudança alcançada junto ao amanhã da gestão do processo/produto organizacional.

As estratégias devem estar alinhadas ao plano de negócios, que precisa ser reciclado quando novas áreas organizacionais e novos sistemas de informações são ativados como decorrência de estratégias referentes a novas linhas de negócio ou de prestação de serviços – ponto de controle estratégico no foco.

O núcleo duro da auditoria estratégica compreende atuar junto a:

* mapa, indicadores, metas, fatores críticos de sucesso estratégicos;
* sintonia da gestão estratégica, tática (projetos), operacional;
* planejamento e controle estratégico do negócio;
* inteligência estratégica;
* transformação de informação estratégica em conhecimento estratégico.

O uso de técnicas e procedimentos para a auditoria da gestão estratégica normalmente implica combinação de práticas de auditoria, tais como:

* verificar tendências associadas à inovação tecnológica do ambiente externo organizacional;
* realizar entrevista com aplicação de questionário para analisar a lógica e o conteúdo de mapa, indicadores, metas, fatores críticos de sucesso estratégicos;
* comparar métricas de indicadores estratégicos na perspectiva do horizonte passado/presente/futuro.

1.6.3 Auditoria tática/de projetos

Os projetos de interesse do ciclo de vida da auditoria da gestão são da natureza de:

* auditoria da gestão;
* plano tático de auditoria;
* auditoria do plano tático empresarial;
* auditoria da gestão da operação dos negócios;
* auditoria da gestão do desenvolvimento dos projetos de decisões organizacionais (mudanças para maximizar o desempenho ou minimizar as falhas);

- auditoria da gestão de acompanhamento: realizados como sequência dos projetos de auditoria anteriormente enumerados.

O processo/produto da metodologia (etapas, técnicas, procedimentos, documentação, produto final) da gestão, da operação do negócio ou do desenvolvimento dos projetos de decisões organizacionais é realizado com as ferramentas tecnológicas:

- *Work Breakdown Structure* (WBS);
- eventos organizacionais/pontos de controle;
- parâmetros da gestão/auditoria da gestão;
- gestão do conhecimento;
- gestão de indicadores/métricas;
- gestão do risco;
- gestão do controle interno.

O ponto de controle – projeto para efeito de realização do projeto de auditoria da gestão – é estruturado conforme processo de escolha do auditor da gestão e utiliza as ferramentas tecnológicas enunciadas para exercício do núcleo duro da metodologia de auditoria.

As técnicas e os procedimentos da metodologia de auditoria são exercidos junto ao ponto de controle, projeto com destaque para:

- identificar tendências;
- realizar projeção;
- efetuar simulação;
- montar cenário do amanhã;
- estimular inovação;
- cumprir contratos.

Observação: para conhecer melhor as técnicas e os procedimentos de auditoria tática, vide Capítulo 2.

O auditor atua em duplicidade lógica, ou seja, efetua os testes com independência lógica em relação à sistemática de trabalho do auditado e, portanto, as ferramentas tecnológicas e as técnicas e os procedimentos referenciados são análogos, mas praticados com estrutura e formas diferenciadas.

O inter-relacionamento dos projetos de auditoria da gestão estratégica com os projetos da gestão estratégica deve ser objeto de análise dos *stakeholders* (acionistas e alta administração), com a visão da vertente governança da qualidade da sustentabilidade do negócio no horizonte passado/presente/futuro.

1.6.3.1 Gestão tática/de projetos

O ponto de controle do projeto deve ser escolhido no adequado entendimento do processo/produto da área organizacional/linha de negócio/sistema de informação e do correspondente projeto de mudança a ser acionado para melhoria da produtividade ou da segurança organizacional.

A melhor forma de conhecer o ambiente organizacional objeto de gestão ou de auditoria da gestão é via elaboração de representação gráfica da funcionalidade do processo/produto.

O conhecimento necessário à gestão de projetos deve ser transformado em fluxo de trabalho com foco no resultado a alcançar, tanto na visão qualitativa das causas e efeitos quanto na visão quantitativa das metas e métricas a cumprir.

A tecnologia para elaborar o fluxograma WBS é adequada para representar a lógica operacional de ambiente organizacional objeto da gestão ou da auditoria da gestão, com ênfase no resultado a alcançar.

Portanto, a ferramenta tecnológica WBS é de uso comum para a representação gráfica do processo/produto da operação ou dos projetos de decisão de mudança ou de recomendação da auditoria.

O fluxograma WBS apresenta a lógica de realização do processo/produto da operação, da gestão ou da auditoria de uma entidade, área organizacional, linha de negócio ou sistema de informações com as características descritas a seguir.

* A representação gráfica é estruturada em árvore (método dedutivo) hierárquica com base no produto ou serviço a alcançar ao final de cada etapa de trabalho.

* A lógica é estabelecida na modalidade *top/down*, ou seja, das atividades sintéticas para as analíticas – cada nível do WBS tem informações mais detalhadas do que o anterior.

* Decomposição do processo/produto em componentes menores orientados para a entrega do produto/do resultado final.

* O fluxograma é elaborado para compreender e monitorar a logística (alocar recursos) e a controladoria (monetizar recursos – orçamento, custos) da área/projeto organizacional.

O WBS é a subdivisão dos esforços necessários para alcançar os objetivos, as estratégias e a missão organizacional.

A utilidade do WBS para operar área ou desenvolver projeto é vista como:

- delimitar escopo de trabalho;
- identificar fases de trabalho;
- estabelecer responsáveis por escopo e fases;
- descrever com detalhe as entregas;
- identificar as atividades;
- estimar esforços, duração e custo do trabalho;
- identificar os riscos;
- facilitar a rastreabilidade de um pacote de trabalho;
- determinar as ferramentas tecnológicas para gerenciar o projeto ou a área;
- priorizar atividades ou resultados para trabalhar o SPOF (minimizar falhas) ou o FCS (maximizar desenvolvimento).

A representação gráfica WBS é realizada nos seguintes momentos:

- ambiente da operação do negócio – do produto final/serviço entregue/pronto à matéria-prima/atividades/insumos iniciais;
- ambiente do projeto de mudança – do resultado da mudança ou recomendação como solução do problema à decisão da mudança ou recomendação diante de problema, a realizar;
- ambiente do projeto de auditoria – da recomendação proposta e aceita pelo auditado ao ponto de controle objeto de validação e avaliação;
- ambiente do projeto de auditoria de acompanhamento – do resultado da recomendação instalada à recomendação proposta e aceita pelo auditado.

A representação gráfica WBS viabiliza o rápido entendimento, por *stakeholders*, auditores e auditados, da dinâmica dos projetos e da operação dos negócios e de seus riscos associados.

A Figura 1.6 estabelece a estrutura lógica para a elevação de patamar tecnológico da funcionalidade do processo/produto organizacional via projeto de mudança (decisão ou recomendação).

Figura 1.6 Visão dinâmica do ciclo de vida da mudança: o caminho das soluções sustentáveis com planos alternativos de ação

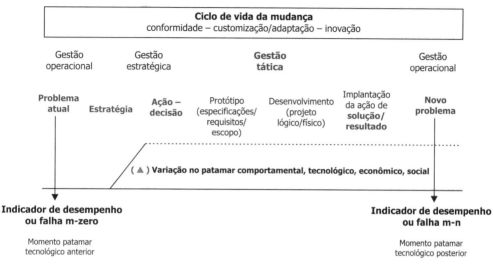

Do momento patamar tecnológico anterior ao posterior, são realizados o desenvolvimento e a instalação do projeto de mudança com solução ótima do problema organizacional via as etapas a seguir.

- Gestão organizacional do patamar tecnológico anterior (problema atual do objeto de solução).
- Gestão estratégica (hipótese para solucionar o problema atual), subdividida em:
  * discussão de alternativas estratégicas com escolha daquela com melhores condições para solucionar o problema atual (elaborar planejamento e controle estratégico para a adoção da estratégia via decisão ou recomendação/ação/projeto de mudança);
  * continuidade do ciclo estratégico organizacional com a definição da ação/projeto de maior sintonia com a estratégia definida/escolhida/apostada.
- Gestão tática com desenvolvimento e implantação do projeto de mudança (maximizar desempenho ou minimizar falhas):
  * anteprojeto: elaborar protótipo da ação de natureza da decisão ou recomendação com exercício de estratificar e adequar os requisitos do projeto à estratégia determinada; detalhar especificações a partir dos requisitos definidos; realizar o escopo do anteprojeto para alcance do protótipo; apresentar/vender o protótipo para a alta administração e às áreas afetadas pela decisão ou recomendação.

- Desenvolvimento e instalação do projeto:
  * alocar recursos e desenvolver e gerenciar o projeto;
  * instalar a ação de mudança, treinar profissionais nas funcionalidades do novo processo/produto, documentar a lógica de funcionamento no novo patamar tecnológico organizacional – visão do controle interno.
- Gestão organizacional do patamar tecnológico superior (novo problema objeto de solução).

É importante destacar que o ciclo de vida da mudança deve ser monitorado pelos *stakeholders* com as visões qualitativa (causas e efeitos) e quantitativa (indicadores/métricas).

A vertente governança da qualidade da sustentabilidade é guia do ciclo de vida da mudança com:

- análise por executivos, gestores e profissionais especializados;
- aprovação por acionistas, conselho de administração e conselho fiscal.

A variação de patamar tecnológico tem impacto nas vertentes:

- sintonia cultural e organizacional – com o comportamento profissional/funcional;
- tecnológica – com novas práticas para o processo/produto organizacional;
- econômica – com maior produtividade e margens financeiras positivas para o negócio;
- social – com *upgrade* na formação dos profissionais integrantes do negócio e reflexos positivos na vida pessoal/individual deles.

1.6.3.2 Auditoria da gestão tática/de projetos

A escolha do ponto de controle projetos, associado à estratégia para a auditoria da área, linha de negócio, sistema de informação e ao correspondente objetivo do projeto de auditoria, é a lógica do planejamento inicial do projeto de auditoria de projeto ação/decisão organizacional.

O ponto de controle projeto ganha muitas conformações, segundo o que segue.

- Metodologia de desenvolvimento e instalação do projeto ação/decisão organizacional, como:
  * verificar a sintonia de requisitos com especificações;
  * validar a documentação do anteprojeto de mudança (visão controle interno);
  * avaliar a adequação do protótipo a requisitos e especificações consoante a vertente contingência, incerteza, risco;

Capítulo 1 — Auditoria da gestão: processo/produto

* analisar a estrutura do WBS elaborado para aquilatar o nível de conhecimento de auditores e auditados do ambiente e dos respectivos pontos de controle objetos de auditoria.

* Metodologia de desenvolvimento e instalação do projeto de recomendação organizacional (visão auditoria de acompanhamento), como:

  * testar o atendimento às recomendações acordadas;

  * verificar a intensidade de resolução das fraquezas (problemas organizacionais) flagradas via indicadores e métricas de falhas *versus* desempenho;

  * analisar a possibilidade de melhorar a nota da opinião anteriormente aplicada diante do maximizar desempenho ou do minimizar falhas relativas às recomendações instaladas;

  * acompanhar o cumprimento de prazos e de cronogramas relativos ao desenvolvimento e à instalação do projeto recomendação;

  * mensurar o nível de treinamento dos profissionais envolvidos com o desenvolvimento do projeto recomendado e daqueles funcionários responsáveis pela funcionalidade do processo/produto do negócio no novo patamar tecnológico.

1.6.4 Auditoria da governança da qualidade da sustentabilidade (transparência e responsabilidade) do negócio (horizonte presente/futuro)

A auditoria do negócio também é vista como auditoria da governança da qualidade da sustentabilidade do ciclo de vida do negócio (engenharia do produto, engenharia do processo, especificação do processo) com o cumprimento do núcleo duro inserido no núcleo expandido da auditoria.

Os auditores e os auditados devem conhecer a lógica da vertente governança da qualidade da sustentabilidade para o correto projeto de auditoria, com recomendações e opinião certeiras.

Um momento central para a auditoria da governança da qualidade da sustentabilidade organizacional (auditoria da gestão e da operação do negócio com TI) é a auditoria de conflitos entre *stakeholders* privados ou governamentais (auditoria da teoria da agência com TI – momento especial da auditoria empresarial) – a sintonia da gestão com a auditoria da gestão em ação.

A auditoria da governança da qualidade da sustentabilidade – verificar a transparência e responsabilidade no ser amanhã melhor do que hoje, cuidando dos recursos do hoje que serão necessários à qualidade da continuidade organizacional (ênfase nos cenários vencedores do amanhã) – é de aplicação nos momentos especiais da auditoria empresarial:

* auditoria da teoria da agência;
* auditoria estratégica;
* auditoria de projetos;
* auditoria de riscos.

A expectativa dos *stakeholders* com a auditoria da gestão no horizonte presente/ futuro, quando se toma conhecimento da perspectiva técnica, operacional, financeira e dos esforços dos integrantes do negócio diante dos desafios do mercado no amanhã, é decisiva para a confiança, o investimento e o relacionamento institucional – a auditoria da gestão como abordagem central da governança corporativa/governamental (transparência para a sustentabilidade tecnológica, econômica, ambiental e social).

A auditoria da governança da sustentabilidade organizacional visa verificar as decisões sustentáveis – aquelas responsáveis pela continuidade operacional com ganhos crescentes de produtividade ao negócio privado ou público e sem esgotar – e também recuperar hoje os recursos necessários ao amanhã organizacional.

A auditoria das decisões sustentáveis tem por objetivo maior produtividade profissional (individual ou coletiva) e empresarial (privada ou governamental):

* no ambiente privado, com reflexo no aumento da lucratividade;
* no ambiente governamental, com a vigência de políticas públicas que melhor alavancam e beneficiam o maior número de integrantes da sociedade.

> **A sustentabilidade deve ser diretamente correlacionada à produtividade – a auditoria de negócios com TI em ação.**

Os gestores e os profissionais de auditoria devem conhecer as práticas para decisões sustentáveis, objetivando maior produtividade organizacional com foco em apresentar recomendações e emitir opiniões que criem valor ao negócio.

1.6.4.1 Gestão da governança da qualidade da sustentabilidade do negócio

A engenharia do produto é a atividade responsável pelo desenvolvimento e a instalação das mudanças organizacionais, com a realização de projetos para maximizar o desempenho ou minimizar as falhas com foco na continuidade operacional das entidades privadas ou governamentais – ações para a inovação disruptiva em foco.

A velocidade e a intensidade das mudanças no processo/produto dos negócios são as principais características da sociedade.

A engenharia do processo compreende a operação das atribuições e o alcance dos resultados concebidos e aplicados pelos projetos de mudança, especificados pela

Auditoria da gestão: processo/produto

engenharia do produto às áreas, linhas de negócio, sistemas de informações, cadeia de suprimentos (*supply chain*) – a variável controle interno como guia.

A especificação do processo implica pequenas engenharias do produto para *upgrade* técnico-operacional ao longo do ciclo de vida da engenharia do processo, o que acarreta aumento na velocidade e intensidade da mudança do processo/produto organizacional.

O processo/produto exige documentação ao caracterizar o trabalho dos responsáveis pelo cumprimento das etapas (técnicas e procedimentos) e ao especificar o consumo pelos usuários dos produtos ou serviços – a utilidade do resultado final do processo/produto como justificativa da existência de áreas, linhas de negócio, sistemas de informações e cadeia de suprimentos.

A documentação do processo/produto deve atender às características da vertente governança da qualidade da sustentabilidade, sintonizada à variável controle interno.

O ciclo de vida do negócio implica os momentos descritos a seguir.

* Engenharia do produto – criar novo patamar tecnológico (vide a lógica definida na Figura 1.6):
  * gestão – planejamento e controle do desenvolvimento do processo/produto do projeto de mudança organizacional;
  * desenvolvimento – execução do processo/produto do projeto de mudança organizacional para a construção do novo processo/produto da engenharia do processo.
* Engenharia do processo – o contínuo do negócio/a funcionalidade do patamar tecnológico vigente:
  * gestão – planejamento e controle do processo/produto da operação/funcionamento do negócio;
  * operação – com a execução/o funcionamento do processo/produto de áreas, linhas de negócio, sistemas de informações, cadeia de suprimentos das organizações privadas ou governamentais.
* Especificação do processo – pequenas adequações/mudanças (*upgrade* no patamar tecnológico vigente):
  * gestão – análoga à engenharia do produto para a reconstrução do processo/produto vigente da atual engenharia do processo;
  * desenvolvimento – análogo à engenharia do produto para a reconstrução do processo/produto vigente da atual engenharia do processo.

O processo/produto da auditoria é exercido focando-se em verificar para recomendar e opinar, quanto ao ciclo de vida do negócio com TI, a cada um dos três momentos referenciados (engenharia do produto, engenharia do processo, especificação do processo).

A auditoria da gestão é exercida no horizonte passado, presente e futuro, conforme os momentos experiência e referência (horizonte passado e presente) e escolha com aposta (horizonte presente e futuro) para a formatação dos cenários organizacionais do amanhã (campo de batalha dos fundamentos não recorrência e acaso), com a seguinte estrutura lógica:

* na engenharia do produto (gestão e desenvolvimento) – abordagem inovação para um novo patamar tecnológico;

* na especificação do processo (gestão e desenvolvimento) – abordagem customização ou pequena inovação para o patamar tecnológico vigente;

* na gestão da engenharia do processo – abordagem à gestão é responsável pela funcionalidade do horizonte passado, presente e futuro do patamar tecnológico vigente.

A auditoria operacional é exercida no horizonte passado e presente ao atuar na operação da engenharia do processo – abordagem das atribuições e dos resultados alcançados pelos profissionais do negócio com os recursos organizacionais existentes (patamar tecnológico vigente).

A gestão é responsável pelo processo/produto do amanhã organizacional e a auditoria da gestão, por verificar a razoabilidade e o alcance desse processo/produto nesse cenário futuro do negócio.

A gestão e a auditoria da gestão têm como lugar comum o amanhã organizacional e são exercidas com a viagem no espaço/tempo organizacional, no horizonte passado, presente e futuro, na perspectiva de decisões e de recomendações para mudança (ênfase na customização e na inovação) no processo/produto dos cenários futuros organizacionais – a mudança desse processo/produto da entidade espelhada no controle interno do amanhã.

A operação e a auditoria operacional têm como lugar comum o presente organizacional e são exercidas no espaço/tempo organizacional do horizonte passado e presente na perspectiva de recomendações para a manutenção (ênfase na conformidade) do processo/produto do presente cenário organizacional – o cumprimento do atual processo/produto da entidade espelhado no controle interno vigente.

1.6.4.2 Auditoria da gestão da governança da qualidade da sustentabilidade do negócio

A aplicação de mais de uma técnica ou procedimento de auditoria é comum na auditoria da gestão da governança da qualidade da sustentabilidade, como segue.

Capítulo 1 Auditoria da gestão: processo/produto

* Analisar o conhecimento disponibilizado a *stakeholders*, por exemplo, gerar conhecimento sintonizado para a realização de levantamentos à medida da evolução, segundo natureza e especificidade, dos projetos de auditoria realizados ou a realizar – transparência e responsabilidade profissional no foco.

* Revisar a confidencialidade das recomendações, por exemplo, exame lógico sintonizado com a montagem de cenários e o desenvolvimento de simulações – de acordo com inteligência de contraespionagem organizacional contida e estabelecida em mapas estratégicos – no particular, referente à auditoria de projeto decisão/mudança ou recomendação/mudança.

* Verificar os conflitos de interesse no planejamento e no controle estratégico de projetos táticos/de mudança, por exemplo, as práticas da auditoria da teoria da agência engrenadas naquelas da auditoria de risco dos projetos organizacionais.

* Monitorar a intensidade de correção e de acerto das recomendações instaladas quanto à qualidade do processo/produto e à força para a continuidade organizacional (visão sustentabilidade), por exemplo, dar recomendação sintonizada e fazer seu acompanhamento – em ação, o nível de satisfação funcional como indicador/métrica do sucesso da mudança advindo da ação decisão ou da ação recomendação.

A auditoria da gestão tem a auditoria da governança da qualidade da sustentabilidade como eixo vital para a adequada integração do núcleo duro ao núcleo expandido das metodologias de auditoria organizacional.

No particular, os resultados do ciclo de vida da decisão/recomendação devem ser objeto de revisão da transparência como variável integrada à responsabilidade, da qualidade na perspectiva da eficácia e da sustentabilidade ao evitar desperdícios no novo patamar tecnológico organizacional.

A auditoria da gestão da governança da qualidade da sustentabilidade, na perspectiva da variável qualidade, visa verificar, monitorar e atender à norma ISO 9000 e às suas subsequentes atualizações, como a ISO 19011:2011 (*guidelines for auditing management systems*/diretrizes para auditoria da qualidade), que direciona e estabelece a lógica para auditoria da qualidade – a certificação da qualidade em ação.

1.6.5 Auditoria do risco

As questões a seguir são centrais para a auditoria de risco.

* O tomador de decisão tem certeza de que os efeitos da decisão previnem futuras causas, detectam as causas e os efeitos no amanhã e corrigem os efeitos dos problemas contingentes, ou seja, com potencial de ocorrência no horizonte presente e futuro organizacional (visão lógica do risco)?

- Os efeitos da decisão são aqueles divulgados/propalados (visão governança do risco)?
- O tomador de decisão tem aversão ao risco (visão comportamental junto ao risco)?

As três questões são mandatórias da auditoria do risco – a variável contingência, incerteza, risco em ação.

Estruturar e exercer práticas para lidar com o risco no processo decisório com o correspondente uso da técnica ou do procedimento de auditoria governança da qualidade da sustentabilidade são atividades inerentes a projetos de auditoria de gestão.

Para lidar com a variável contingência/incerteza/risco é fundamental elaborar um plano de contingências com práticas, ações e regras para prevenir, detectar e corrigir o rumo do cenário futuro desejado – o ajuste no horizonte presente e futuro antecipado.

O plano de contingências deve estar focado nos vetores maximizar desempenho ou minimizar falhas para o maior sucesso da decisão ou recomendação com eficácia total da solução do problema objeto de projeto de auditoria da gestão.

O ciclo de vida do projeto de mudança decisão ou recomendação precisa considerar os elementos indicados a seguir.

- Os eventos contingentes e sua possibilidade de instalação no processo/produto do desenvolvimento e aplicação da decisão ou da recomendação – visão *brainstorming* ou *benchmark* organizacional.
- O estudo da natureza das incertezas, bem como de suas causas e efeitos agregados ao evento contingente – visão qualitativa do evento contingente.
- A mensuração da possibilidade associada à gravidade da ocorrência do evento contingente em função da visão qualitativa abordada – visão quantitativa do risco (o método Delphi e demais práticas quantitativas para a modelagem matemática do risco em ação).

1.6.5.1 Gestão do risco

A perspectiva da gestão do risco deve ser abordada conforme os seguintes parâmetros:

- comportamental – aversão ao risco do tomador da decisão (a determinação do evento contingente);
- qualitativo – gestão do conhecimento para clarear as incertezas (a orientação e a explicação como base para a mensuração do risco do evento contingente);

Capítulo 1 Auditoria da gestão: processo/produto

* quantitativo – a quantificação da possibilidade associada à gravidade do evento contingente quanto ao alcance do cenário futuro desejado (base para a escolha dos ajustes no caminho a percorrer para o alcance do cenário futuro).

O plano de contingências (conjunto de práticas preventivas, detectivas e corretivas para o convívio com a vertente contingência/incerteza/risco) é o principal instrumento para a integração da gestão com a auditoria da gestão na governança da qualidade da sustentabilidade da ideia de risco.

A ISO 31000:2009 estabelece como tratar o risco na perspectiva da variável qualidade inerente à governança da qualidade da sustentabilidade.

A ISO 31000, na sua versão 31010 (*risk management – risk assessment techniques*), explicita para a gestão do risco os princípios:

* criar valor para o processo/produto do negócio;
* integrar partes do processo organizacional;
* ser componente dos processos decisórios;
* explicitar e endereçar as incertezas;
* aplicar de forma sistemática;
* estruturar com foco no risco da decisão/recomendação;
* ser oportuna;
* basear-se na melhor informação/conhecimento disponível;
* ser aplicada de forma customizada/adaptada;
* levar em conta os fatores humanos e culturais;
* ser transparente e inclusiva;
* ser dinâmica, interativa e responsiva às mudanças;
* facilitar a melhoria contínua e o alavancar da organização.

A gestão do risco da qualidade – de Deming, Juran, Ishikawa e Bernstein (estatística, qualidade total, causa e efeito, risco) – é associada à governança e à sustentabilidade na perspectiva da:

* evolução do tratamento estatístico, com lógica de projeção e simulação de falhas *versus* desempenho de natureza *quality assurance* (garantia da qualidade do processo) e *quality control* (controle da qualidade do produto);
* visão da recorrência e da padronização com o objetivo de estabilizar o processo para o alcance da qualidade do produto – a visão da não recorrência e do acaso como variáveis da mudança. Trata-se do risco da alteração no amanhã do processo/produto como variável da governança da sustentabilidade.

A governança com foco no risco da qualidade e no risco da sustentabilidade tem como propósito dar transparência e definir responsabilidades quanto à continuidade organizacional.

A gestão de risco é executada com base na visão do estresse decisório ou contingencial quando trabalhar os momentos comportamental, qualitativo ou quantitativo é a luta da gestão e da auditoria da gestão do negócio com TI, com consequente análise do máximo de situações de incertezas associadas ao evento contingente.

A beleza tecnológica da análise do estresse decisório ou contingencial minimiza a dúvida/a incerteza e transmite paz decisorial/contingencial para auditores de risco e tomadores de decisão.

1.6.5.2 Auditoria da gestão do risco

A variável contingência/incerteza/risco integra a lógica do processo de tomada de decisão para a apresentação da recomendação de auditoria de maior impacto, com maior possibilidade de sucesso e maior prazo de duração.

A contingência é o evento do amanhã que pode ou não ocorrer de forma favorável à melhor e mais completa resolução do problema ou fraqueza provada, e que pode ou não ser controlável – a visão toda recomendação é evento contingente e pode ser influenciada por outros eventos contingentes.

A incerteza é a condição de dúvida que temos quanto à capacidade de resolução de uma recomendação, decisão, ação, projeto de melhoria de uma situação ou de um evento organizacional diante de falha, fraude ou da necessidade de melhor desempenho no amanhã funcional/organizacional – a incerteza é a visão qualitativa do evento contingente.

O risco é a mensuração da incerteza inerente ao evento organizacional contingente, com o objetivo de rastrear e comparar alternativas para o exercício do processo de escolha – o risco é a visão quantitativa relacionada à incerteza do evento contingente.

Os projetos de auditoria da gestão do risco são estruturados de acordo com o núcleo duro da auditoria, por exemplo, e contam com os momentos:

* ponto de controle – governança do plano de contingência;

* objetivo da auditoria – verificação do nível de transparência e das responsabilidades alocadas às funções organizacionais referentes ao desenvolvimento, exercício e controle do plano de contingências;

* técnica e procedimento de auditoria – identificação de tendências e realização de apostas sobre causas e efeitos relacionados a eventos contingentes e ao nível de comunicação e de conscientização advindo do plano de contingências; aplicação de questionário e realização de entrevistas para avaliar a viabilidade e

Capítulo 1 Auditoria da gestão: processo/produto

a força de medidas preventivas, detectivas ou corretivas para lidar com a variável contingência, incerteza, risco diante das responsabilidades explicitadas no plano de contingências;

* análise de resultados dos testes – realização de *benchmark* entre o resultado dos testes efetuados e o conteúdo do banco de dados de projetos de auditoria da gestão para confirmar causas, fraquezas e efeitos relacionados ao ponto de controle objeto de validação e avaliação;

* estruturação de provas de auditoria – estabelecimento da documentação relativa ao processo de auditoria do ponto de controle governança do plano de contingências; busca de confirmação das provas da fraqueza do ponto de controle conforme a sequência indícios e evidências; identificação, no sistema de controle interno, das responsabilidades funcionais/profissionais junto ao processo/produto do negócio com TI;

* apresentação de recomendações – com base no conhecimento estabelecido nas provas, gerar ações (projetos de mudança) de natureza recomendações para minimizar a possibilidade de ocorrência das causas e detectar indícios, evidências e provas fortes o suficiente para enfrentar eventuais efeitos futuros de contingências análogas;

* emissão de opinião – com base no conjunto de fraquezas, provas e recomendações, estabelecer o estágio funcional atual e futuro do ambiente objeto de auditoria para lidar com contingências.

Na sequência, ocorre a auditoria de acompanhamento do projeto de recomendação – a mudança será operacionalizada.

O máximo de conhecimento sobre a sequência do projeto de auditoria – ponto de controle, teste, prova, fraqueza, recomendação – atribui poder de argumentação ao auditor diante do auditado no embate das variáveis causa/fraqueza/efeito com contingência/incerteza/risco para a maior precisão da recomendação e da opinião.

1.7 Produtos finais da auditoria

Os produtos finais da auditoria (Quadros 1.2 e 1.3) espelham as modalidades:

* *compliance*/conformidade – quando as provas dos testes obtidas denotam descumprimento acidental ou deliberado por erro, omissão ou desconhecimento funcional da estrutura e lógica das regulamentações inerentes ao controle interno;

* customização/adaptação – quando a disseminação de novas práticas é concretizada via projetos de auditoria – o auditor como disseminador do conhecimento e responsável por homogeneizar o processo/produto das entidades;

- inovação/pioneirismo – quando procedimentos e resultados originais são identificados, analisados e confirmados como de utilidade transformadora do processo/produto organizacional.

Essas três modalidades funcionais são auditadas na perspectiva da vertente falhas *versus* desempenho, com tratamento de um ou mais dos vetores a seguir:

- inovação com maximização de desempenho;
- inovação para minimizar falhas;
- inovação para combater ocorrência ou evitar fraude;
- customização para maior homogeneidade organizacional com máximo desempenho;
- customização para diminuir falhas;
- customização para conter fraudes;
- conformidade com alcance de desempenho desejado, previsto e padronizado;
- não conformidade com ocorrência de falha ou baixo desempenho;
- não conformidade com descumprimento ou falha deliberada de natureza fraude.

1.7.1 Relatório de auditoria

O Quadro 1.3, como vimos, apresenta a estrutura do modelo de relatório de auditoria, em que as modalidades de gestão e de auditoria da gestão conformidade/ *compliance*, customização, adaptação, inovação e pioneirismo são consideradas para efeito de identificação da abrangência da auditoria realizada.

O relatório de auditoria tem sua composição estabelecida como segue.

- Nome da organização objeto da auditoria da gestão:
  * o escopo dos trabalhos da auditoria da gestão pode abranger parcialmente ou a totalidade da organização.
- Nome da área, linha de negócios, sistema de informações:
  * a verificação da capacidade gerencial exercida em segmento lógico, funcional, processo, produto, técnico-operacional organizacional é opção para o projeto da auditoria da gestão;
  * a entidade espaço (local do processo/produto) da vertente espaço/tempo como lógica da abordagem da mudança organizacional proporcionada pela auditoria da gestão.

> **A auditoria da gestão compreende viajar no espaço/tempo da gestão organizacional[10] com o verificar, validar, avaliar a qualidade, segurança, produtividade, sustentabilidade na perspectiva de pontos de controle (teste, opinião, recomendação) submetidos à análise de risco, com foco na recomendação para cenários vitoriosos do amanhã do negócio privado ou governamental.**

- Estratégia organizacional e da auditoria da gestão:
  * estratégia organizacional – é a macrodecisão da alta administração para enfrentar, com posicionamento avançado, a concorrência com foco na continuidade operacional e com lucratividade do negócio;
  * estratégia da auditoria da gestão – é a macrodecisão da área de auditoria para realizar teste, validar e avaliar a organização, área, linha de negócio, sistema de informações em consonância com a estratégia organizacional.

Estratégia é a hipótese para alavancar a organização diante de ameaças e oportunidades (visão externa do problema) relativas à sua integridade no horizonte presente e futuro, e hipótese é uma solução de problema não confirmada, ainda não alcançada.

- Código/nome do projeto de auditoria:
  * a identificação do projeto de auditoria é importante para sua inclusão no banco de dados de auditoria da gestão, possibilitando futuros acessos e, consequentemente, maior conhecimento da lógica e dos resultados alcançados com os trabalhos da auditoria da gestão realizados;
  * no código do projeto de auditoria, os quatro últimos dígitos identificam o ano de realização da auditoria da gestão e os três primeiros correspondem à numeração sequencial do projeto no ano da auditoria concretizada.
- Objetivo/meta organizacional do projeto de auditoria:
  * o objetivo é o resultado almejado como decorrência de processo finalizado, estimado como o produto que irá colocar a organização – área, linha de negócios, sistema de informações – em posição de vanguarda perante seus concorrentes;
  * a meta é a quantificação do objetivo com foco principal na realização de *benchmark* entre projetos de auditoria, o qual determina a intensidade do cumprimento do objetivo delineado.

---

[10] GIL; ARIMA; NAKAMURA, 2013.

- Período (duração) da auditoria da gestão (dia, mês e ano):
  - * o período objeto da auditoria da gestão integra o horizonte passado, presente e futuro organizacional, que é foco de verificação, validação e avaliação;
  - * a entidade tempo (momento do processo/produto) da vertente espaço/tempo é vista como a lógica da abordagem da mudança organizacional proporcionada pela auditoria da gestão;
  - * no horizonte passado e presente, eventos organizacionais/pontos de controle são conhecidos porque foram ou estão sendo auditados, e a variável contingência/incerteza/risco e seus reflexos junto às recomendações são considerados e relatados – visão auditoria operacional do negócio com TI;
  - * no horizonte presente e futuro, eventos organizacionais/pontos de controle apostados – ponto de controle contingente/risco – são auditados e se considera a variável contingência/incerteza/risco e seus reflexos junto às recomendações (o plano de contingências como foco da auditoria da gestão) – visão auditoria da gestão do negócio com TI.

> **A vertente espaço/tempo é decisiva para a lógica, para o conteúdo comprobatório dos testes efetuados e para as justificativas das recomendações – todos incluídos nos papéis de trabalho digitais como prova da auditoria operacional ou da gestão realizada.**

- Código ponto de controle (PC):
  - * de forma análoga e com lógica integrada ao código/nome do projeto de auditoria, a inclusão do código do PC no banco de dados da auditoria da gestão viabiliza a gestão do conhecimento da auditoria da gestão realizada e é requisito – transformado em especificação – para o sistema de informações de auditoria da gestão;
  - * os três primeiros dígitos compreendem a numeração sequencial do PC segundo o código do projeto de auditoria da gestão.
- Nome do PC (evento organizacional):
  - * caracterização de seu recurso – humano, material, tecnológico, financeiro – integrante;
  - * o processo de auditoria implica teste de um ou mais tipos de recursos, conforme o objetivo da auditoria, e a recomendação enfatiza maximizar desempenho ou minimizar falha desses recursos.
- Momento do PC:
  - * determinar o momento no horizonte passado, presente e futuro do processo/produto no qual o evento organizacional/ponto de controle se encontra

e considerar os eventos contingentes que possam afetar a recomendação vigente no PC vigente (horizonte passado e presente) ou a recomendação contingência/risco no PC risco (horizonte presente e futuro).

* Requisito auditoria:
  * estabelecer a abordagem da auditoria na perspectiva da qualidade, segurança, produtividade e sustentabilidade do PC a qual está enunciada em:
    * acordo de Nível de Serviços (SLA, na sigla em inglês) – visão auditoria externa da gestão;
    * requisitos/especificações do projeto – visão auditoria interna da gestão;
    * sistema de controle interno – visão auditoria operacional do cumprimento de normas ou regulamentações (conformidade/*compliance*);
  * a metodologia da auditoria aplicada estabelece, nos seus princípios/fundamentos, as definições para cada requisito – qualidade, segurança, produtividade, sustentabilidade – da auditoria.

* Variável auditoria:
  * a verificação inerente ao projeto de auditoria deve ser realizada de acordo com uma ou mais das abordagens:
    * conformidade – com a confrontação do ponto de controle/evento organizacional exercido com o controle interno estabelecido;
    * customização – com a equalização das práticas de cumprimento do controle interno verificado;
    * inovação – com a recomendação para a alteração do controle interno vigente diante de novas práticas do processo ou de novas utilidades para o produto;
  * natureza do parâmetro da gestão/auditoria da gestão objeto de teste e de verificação;
  * trata-se da identidade lógica da verificação (variáveis: efetividade, eficácia, eficiência, economicidade, produtividade, segurança, regulamentações) a se estabelecer no evento organizacional/ponto de controle integrante do processo/produto organizacional;
  * indicadores de desempenho ou de falhas direcionam e estruturam o olhar da auditoria diante da abordagem do parâmetro de auditoria objetivado.

* Ciclo de vida da auditoria da gestão:[11]

---

[11] Informações detalhadas sobre o tema estão em GIL, A. L. *Gestão da qualidade empresarial*. Lisboa: Publicações Europa-América, 2010.

- refere-se a estruturar a lógica da sintonia da metodologia da gestão com a da auditoria da gestão na perspectiva de maximizar desempenho ou minimizar falhas em que o PC é de natureza:
  - fator crítico de sucesso (FCS) – evento prioritário na visão do auditado;
  - ação de otimização (AO) – projeto para maximizar o desempenho organizacional na visão do gestor;
  - indicador de desempenho (ID) – mensura o impacto da AO junto ao FCS;
  - ponto da falha (SPOF) – ação agressiva ao FCS determinado pelo auditado;
  - medida de proteção (MP) – projeto para minimizar a falha organizacional na visão do gestor;
  - indicador de falha (IF) – mensura o impacto da MP junto ao SPOF.
- Modelo/metodologia da gestão:
  - para identificar o momento lógico da auditoria da gestão, pode-se aplicar a metodologia CCM (cultura organizacional/comportamento profissional); DEQ (contingência, incerteza, risco); Swot (problema interno – força, fraqueza – ou externo – oportunidade, ameaça); BSC (da estratégia à ação); PMBOK (decisão, recomendação, ação, projeto); BIN (reconhecimento organizacional da força da mudança); marca própria (reconhecimento profissional das habilidades individuais).
- Conclusões:
  - com a caracterização da(s) fraqueza(s) de cada PC objeto da auditoria da gestão:
    - vigente – relacionada ao horizonte passado e presente;
    - risco – relacionada ao horizonte presente e futuro;
    - causas – relacionada à fraqueza flagrada;
    - recomendação – causa – objeto de projeto de recomendação – mudança (preventiva ou detectiva) uma vez acatada pelo auditado;
    - efeitos – da fraqueza flagrada;
    - recomendação – efeito – objeto de projeto recomendação – mudança (corretiva) uma vez acatada pelo auditado.
- Data e assinatura do coordenador ou gerente do projeto de auditoria.

A estrutura do relatório de auditoria é determinada pela metodologia da auditoria da gestão, metodologia esta praticada de acordo com o estágio tecnológico da organização e de sua gestão pela auditoria da gestão.

Esse relatório estabelece a base para projetos de mudança/melhoria da dinâmica técnica operacional do negócio – aqui a auditoria dos projetos de mudança

Capítulo 1 Auditoria da gestão: processo/produto

(minimizar as falhas e maximizar o desempenho) é tida como entidade da gestão de desenvolvimento e instalação de projetos.

A gestão do conhecimento sobre a utilidade do certificado de auditoria e do relatório de auditoria está atrelada ao momento histórico/estágio tecnológico da metodologia da gestão ou daquela de auditoria da gestão do negócio privado ou governamental (o nível do capital intelectual exercido no negócio) – a inteligência do negócio é vista como diferencial competitivo organizacional, a visão do Modelo Intelect:[12]

* capital humano – competência e nível de interesse dos profissionais da organização quanto à competição por minimizar falhas e maximizar desempenho na perspectiva da qualidade, produtividade e sustentabilidade;
* capital estrutural/organizacional – estágio tecnológico da entidade que visa disponibilizar ferramentas tecnológicas para o exercício do processo/produto da metodologia da gestão organizacional e da metodologia de auditoria da gestão;
* capital relacional – nível tecnológico relacionado à perspectiva do capital humano e do capital estrutural existente na cadeia de suprimentos (*supply chain*) – a terceirização é considerada como alavanca da competição, envolvendo micro, pequena e grande empresa em estrutura de redes organizacionais.

Observação: as metodologias para gestão CCM, DEQ, Swot, BSC, PMBOK, BIN ou marca própria ou para auditoria da gestão AUD, CCM, DEQ, Swot, BSC, PMBOK, BIN ou marca própria têm o DNA da descentralização organizacional, em que o somatório de cada área/parte é maior do que o total do negócio com TI, na perspectiva da governança da qualidade da sustentabilidade.

A base para o alcance da prova da fraqueza de natureza falha vigente ou daquela de natureza desempenho a alcançar está alicerçada no caminho a percorrer pela atividade de gestão e por aquela de auditoria – a variável indício, evidência, prova em ação.

A atividade de auditoria é entidade vital para fazer a inteligência do negócio ascender a novos patamares tecnológicos com incessante atividade de busca da variável causa e efeito da fraqueza – vigência de falha ou da fraqueza –, menor desempenho.

A inteligência do negócio evolui quando há direcionamento das recomendações da auditoria para evitar futuras ocorrências das causas das fraquezas e minimizar as decorrências dos efeitos indesejados atuais ou no amanhã organizacional.

---

[12] Para saber mais sobre o Modelo Intelect, consulte o livro *Balanço Intelectual*, de Antonio de Loureiro Gil e José Carlos Melchior Arnosti, Saraiva, 2007.

O diferencial competitivo das organizações privadas ou governamentais passa pelo fundamento auditoria da gestão da decisão para a governança da qualidade da sustentabilidade, o qual é mandatório para organizações líderes e complexas.

Os produtos finais da auditoria da gestão (relatório de auditoria e certificado de auditoria – modelos dos Quadros 1.2, 1.3 e 1.4) retratam a visão de hoje dos cenários/momentos do amanhã quanto a processo/produto da linha de negócio, sistema de informação, área organizacional de logística (produção; serviços) ou de controladoria (contábil, financeira) ou a demais momentos funcionais das organizações privadas ou governamentais – o processo/produto de mudança modelado pela vertente contingência/incerteza/risco.

A auditoria é uma atividade exercida em duplicidade lógica com a atividade da gestão, ou seja, o objetivo de maximizar o desempenho e de minimizar as falhas do processo/produto dos negócios é comum às metodologias para gestão ou auditoria da gestão.

A atuação das atividades de gestão e de auditoria da gestão compreende duas formas (ou momentos):

- Preferencial e diferenciada
  * A gestão (via decisão), mediante escolha e inovação, cria novas opções para o exercício das atividades organizacionais e monitora sua instalação, com justificativas e argumentações sobre causas e efeitos técnico-operacionais ou financeiros, para o convencimento e a institucionalização das abordagens definidas e defendidas com relação a um evento organizacional gerenciado.
  * A auditoria (via recomendação) propõe a incorporação de novas práticas em substituição àquelas vigentes ou de natureza "primeira vez", a partir de *benchmark* entre momentos organizacionais no horizonte passado, presente e futuro, e mediante teste e prova de evento organizacional/ponto de controle sustentado pela variável causas, fraquezas, efeitos realizados ou possíveis e comprovados ou justificados e inerente a ela.
- Forma tradicional e rotineira
  * Na visão customização:
    - a gestão (via decisão) acompanha e analisa, com as ferramentas tecnológicas, a qualidade funcional dos eventos organizacionais mudança de recurso humano, material, tecnológico e financeiro objetos de verificação e análise;
    - a visão *compliance*/conformidade, com base em regulamentações estabelecidas, atende ao padrão de controle interno estabelecido.

A gestão e a auditoria da gestão são atividades organizacionais responsáveis pela evolução do processo/produto que visa à ascensão a novos patamares tecnológicos,

Capítulo 1 — Auditoria da gestão: processo/produto

possibilitando maior eficiência e eficácia (visão produtividade) e segurança ao negócio – vide Figura 1.6.

A utilidade da auditoria é expressa por opinião e por recomendação na perspectiva dos parâmetros da gestão/auditoria da gestão – efetividade, eficácia, eficiência, economicidade, produtividade, segurança, cumprimento das regulamentações – visando à maior qualidade e sustentabilidade da lógica funcional no amanhã da entidade objeto de verificação.

O cumprimento do ciclo de vida da auditoria da gestão (projeto de auditoria mais projeto de auditoria de acompanhamento) corresponde à contribuição da auditoria para o horizonte presente e futuro das organizações com TI.

Os produtos finais da auditoria da gestão devem atender e estar alinhados aos produtos finais da gestão como comprovação da vigência de auditoria direcionada ao crescimento dos negócios – a confirmação do alinhamento do ciclo de vida da auditoria da gestão ao ciclo de vida da gestão.

O Balanço Intelectual (BIN) – produto final alternativo do ciclo de vida da gestão e do ciclo de vida da auditoria da gestão – é o documento demonstrativo da evolução tecnológica da entidade, área organizacional, linha de negócio, sistema de informações, o qual espelha o resultado alcançado com o projeto de mudança do negócio derivado das:

* decisões concretizadas no processo/produto de tomada de decisão decorrente da variável do problema ao resultado da solução aplicada;
* recomendações instaladas no processo de auditoria da gestão decorrente da variável do PC ao resultado da recomendação implantada.

O BIN é construído e utilizado conforme a seguinte lógica:

* qualifica e quantifica o salto de patamar tecnológico do projeto (vide Figura 1.6) oriundo da decisão adotada/apostada e instalada ou da recomendação apostada (na conclusão do projeto de auditoria) ou concretizada (na conclusão da auditoria de acompanhamento);
* expressa a evolução técnica – operacional do negócio privado ou governamental obtida via o processo gerencial/decisório ou de auditoria da gestão;
* reconhece o trabalho desenvolvido por executivos, gestores, profissionais especializados e auditores (visão meritocracia) na finalização do:
  * projeto oriundo da decisão de maximizar desempenho ou minimizar falha;
  * projeto de auditoria da gestão para recomendar melhorias ao desempenho ou minimizar falha;

* projeto de auditoria de acompanhamento como confirmação final do atendimento ou não das expectativas diante das recomendações aceitas e incorporadas ao processo/produto organizacional.

O BIN deve ser objeto da auditoria da gestão, com o objetivo de verificar/validar a força da mudança da decisão ou do projeto – trata-se de recomendação ao processo/produto do negócio com TI.

Na auditoria da gestão, o certificado da auditoria (CA) e o relatório da auditoria (RA) da gestão são estruturados e emitidos na perspectiva do horizonte presente e futuro e visam validar e avaliar a capacidade de ascensão tecnológica do negócio no amanhã do mercado ou da sociedade.

Com estrutura e lógica complementar, o CA e o RA são elaborados e utilizados com a aplicação de metodologia de auditoria da gestão do negócio associada à metodologia para a gestão da organização privada ou governamental vigente ou referenciada.

Os produtos finais da auditoria são estruturados e apresentados na forma de relatório de auditoria e de certificado de auditoria com as justificativas do aceite ou recusa parcial ou total com proposição de mudança dos eventos organizacionais que são objeto das ações de verificar, provar, certificar, recomendar.

1.7.2 Certificado de auditoria da gestão

O certificado de auditoria objetiva apresentar uma opinião sucinta e qualificada sobre a área, sistema, linha de negócio ou organização no tocante aos parâmetros da gestão/auditoria da gestão.

O realce com confirmação do nível de desempenho ou de falhas de um ciclo de negócio quanto à qualidade, segurança, produtividade, sustentabilidade, baseado nos pontos de controle estabelecidos como representativos da entidade (área, sistema, linha de negócio), é o objetivo do certificado da auditoria – consideram-se as variáveis conformidade, customização e inovação como base para a opinião.

O consumo do certificado é amplo e variado, por exemplo, na tomada de decisão de natureza investimento, aquisição de ativos, novos projetos para transformação do processo/produto organizacional.

A opinião expressa a expectativa do emissor do CA diante da análise de risco exercida e da natureza das recomendações no horizonte presente e futuro da entidade objeto de revisão – a variável contingência, incerteza, risco é determinante para a viagem no espaço/tempo do amanhã organizacional.

A especificação do evento contingente e correspondente à análise de risco realizada – com consequente recomendação risco – está explicitada no relatório da auditoria da gestão.

Capítulo 1 Auditoria da gestão: processo/produto

A estrutura do certificado da auditoria da gestão é determinante para sua utilidade, sendo básicas as abordagens a seguir:

* positivo, ou seja, sem ressalvas – quando os testes e a análise dos resultados dos testes estabelecem intensidade irrelevante de falhas e impacto positivo significativo para a qualidade, segurança, produtividade e sustentabilidade quanto ao desempenho do processo/produto do amanhã do negócio – o horizonte presente e futuro é promissor –, e as recomendações são para maior diferencial competitivo do negócio, além da concorrência vindoura:
    * a auditoria do plano de contingências organizacional demonstra capacidade de liderança do negócio diante dos desafios da sociedade.
* com ressalvas – quando a natureza das falhas flagradas e o baixo desempenho provado devem ser corrigidos, mas não inviabilizam o amanhã do negócio – recomendações para a ascensão tecnológica do negócio:
    * a auditoria do plano de contingências demonstra solidez quanto às expectativas organizacionais futuras e aos ajustes propostos; novas plataformas tecnológicas são viáveis/factíveis.
* negativo – quando a magnitude das falhas e a carência de desempenho são relevantes, demonstrando má qualidade, fragilidade da segurança, baixa produtividade, alto risco de inviabilidade (não sustentabilidade) do negócio – descalabro/ incompetência na gestão do negócio, com recomendações de mudança de rumo na busca de uma saída para um provável horizonte presente e futuro sombrio:
    * quando a auditoria do plano de contingências demonstra insuficiência lógica e de alternativas técnico-operacionais para o sucesso do futuro empresarial.

A síntese exposta pelo certificado de auditoria é expressa em termos analíticos através das recomendações especificadas no relatório de auditoria, quando um resumo justificativo das ações/projetos para o enfrentamento de falhas ou avanço no desempenho é a melhor contribuição da atividade de auditoria ao horizonte presente e futuro organizacional.

O Quadro 1.2 estrutura o certificado de auditoria como produto da atividade de auditoria da gestão.

O certificado de auditoria da gestão corresponde ao laudo técnico de qualidade, segurança, produtividade, sustentabilidade – a vigência do horizonte passado, presente e futuro (ênfase na variável contingência, incerteza, risco e no plano de contingências) –, é de responsabilidade da organização prestadora de serviços consoante a sua capacitação técnico-operacional – capital estrutural – e é estruturado como modelo/metodologia de auditoria da gestão.

Quando há terceirização, o certificado ou laudo técnico da auditoria diz respeito ao objeto da auditoria da gestão definido no Contrato de Prestação de Serviços e no

Acordo de Nível de Serviços (*Service Level Agreement* – SLA) firmado entre auditor e auditado – momento de auditoria externa da gestão.

O certificado de auditoria da gestão também é emitido pela área de auditoria interna organizacional, com a adaptação do acordo de nível de serviços ao fundamento requisito, especificação do projeto de auditoria, conforme o controle interno organizacional – norma/metodologia de desenvolvimento de projetos.

A visão de projeto de auditoria é determinante para a vigência do certificado de auditoria e do relatório de auditoria diante da assinatura do gerente do projeto de auditoria, que assume a responsabilidade pela qualidade, segurança, produtividade e sustentabilidade dos trabalhos de auditoria realizados.

A responsabilidade do diretor da gestão da auditoria da organização terceira/prestadora de serviço ou da área/departamento de auditoria interna (auditoria da gestão) também é estabelecida com a assinatura do certificado de auditoria da gestão.

O ciclo de vida da auditoria da gestão (projeto de auditoria mais auditoria de acompanhamento) conecta o RA e o CA ao BIN, na perspectiva da evolução do negócio para um patamar tecnológico organizacional superior.

A evolução tecnológica do negócio oriunda do ciclo de vida da auditoria é vista nos seguintes aspectos:

* qualitativo – a recomendação (RA) e a correspondente emissão de opinião (CA);
* quantitativo – a variação das métricas dos indicadores de desempenho ou de falhas de natureza de qualidade, segurança, produtividade, sustentabilidade apostados ou obtidos – como decorrência do ciclo de vida da auditoria da gestão – retratados no BIN.[13]

Os projetos de mudanças organizacionais – oriundos das decisões da gestão ou das recomendações da auditoria da gestão – ditam a evolução tecnológica das organizações e são explicitados nas versões:

* técnico-operacional – certificado da auditoria da gestão, relatório da auditoria da gestão e balanço intelectual;
* contábil-financeiro – certificado/relatório contábil-financeiro e balanço patrimonial.

> **A concretização do sonho de consumo dos *stakeholders* é a governança corporativa (transparência) no foco, a inteligência do negócio corroborada e o capital intelectual (capital humano, estrutural, relacional) concretizado.**

---

[13] O livro *Balanço intelectual*, de Antonio de Loureiro Gil e José Carlos Arnosti (vide Referências), estabelece a importância do BIN para as metodologias da gestão e da auditoria da gestão do negócio com TI.

1.8 *Compliance* e auditoria

A vigência da área de *compliance* e de seus respectivos profissionais analistas de *compliance* nas organizações privadas ou governamentais é matéria relevante neste século XXI, em particular diante das ocorrências e da magnitude das fraudes, da corrupção e da conivência nos negócios com TI.

As responsabilidades imputadas a executivos e a pessoas jurídicas e respectivas penalidades financeiras, inclusive com prisões de profissionais da alta administração, traz como reflexo a criação da função analista de *compliance*, responsável pela estabilização do controle interno organizacional.

Dessa sorte, a função conformidade tem um novo elemento interveniente, o analista de *compliance*, o qual deve ser objeto de projetos de auditoria na perspectiva do cumprimento de normas, regulamentações, documentação de sistemas, contratos, legislação e demais instrumentos que formalizam as boas práticas de governança institucional.

Algumas grandes corporações inserem o analista de *compliance* no nível de assessoria da alta administração como integrante de área de assessoria responsável por metodologias e respectivas ferramentas para a gestão e operação do empreendimento.

Nesse sofisticado ambiente organizacional, os projetos de auditoria ganham relevância e complexidade, impondo equipes de auditores organizacionais com vasta experiência em áreas diversas do negócio – maturidade e competência no foco da boa auditoria do século XXI.

A rapidez das mudanças, a visão disruptiva ao conduzir negócios, a inovação, o intenso tratamento de risco e a tremenda capacidade da sociedade de absorver novos produtos e práticas empresariais trazem novas técnicas e procedimentos de auditoria à realidade dos projetos de auditoria de negócios com TI.

O analista de *compliance* é responsável pelo desenvolvimento e controle do ciclo de vida do controle interno, diante de sua atuação como responsável pela conformidade das práticas e dos resultados dos negócios privados ou governamentais, em consonância com as ferramentas tecnológicas inerentes à metodologia da gestão praticada.

1.9 Considerações gerais

O auditor deve ser polivalente, ou seja, detentor de conhecimento diversificado para saber verificar imprevistos nos projetos de auditoria das atividades de logística e de controladoria organizacionais, na perspectiva preventiva, detectiva ou corretiva.

As especificidades das decisões e das recomendações são variadas e inerentes ao ambiente e à tecnologia organizacional.

As recomendações, uma vez negociadas/debatidas e quando aceitas pelos *stakeholders* de negócio privado ou governamental, serão decisões adotadas, o que implica o cumprimento do mandamento do processo decisório sustentável segundo a visão iniciativa privada (um acionista, executivo, gestor, profissional especializado) ou segundo a visão governamental (um integrante da equipe de governo ou da equipe de estado toma uma decisão; aceita uma recomendação; estabelece uma escolha; ele lutará e será responsabilizado pelo seu alcance/concretização – práticas para realizar/obter cenários futuros com base no fundamento governança da qualidade da sustentabilidade em ação.

1.9.1 Processo/produto da gestão e da auditoria da gestão

A gestão, a operação e a auditoria organizacional, baseadas na orientação futura (*forward guidance*), robustecem o processo/produto das entidades como diferencial competitivo, com base nas dimensões do desenvolvimento sustentável: econômica, social, ambiental, política, cultural e tecnológica.

A atuação da auditoria externa e da auditoria interna no momento organizacional da previsão patrimonial traz novos elementos para a análise do prevenir perdas (proteção do patrimônio) ou do maximizar desempenho (alavancar resultados econômicos), com especial atenção à auditoria do fluxo dos processos do amanhã e com ênfase na visão de projetos.

O ecumenismo tecnológico nos negócios traz novas abordagens para a sintonia da logística com a controladoria *vis-à-vis* dos vetores inerentes à previsibilidade patrimonial, com os seguintes reflexos na lógica dos projetos de auditoria:

- a viagem técnica operacional no espaço/tempo gestional;

- as demonstrações contábeis e os relatórios financeiros ou de logística alternativos diante da possibilidade de ocorrência de eventos contingentes;

- os sistemas de informações e respectivos segmentos de bancos de dados de logística ou controladoria com a não recorrência de registros ou registros de natureza ao acaso;

- o comportamento profissional de acatar e registrar riscos pelos profissionais do negócio;

- as demonstrações contábeis e os relatórios financeiros ou de logística com respectivos certificados de auditoria e notas explicativas referentes a cenários do amanhã;

- a engenharia reversa de resultados/cenários organizacionais simulados paralelos;

- a cultura organizacional de pioneirismo técnico, operacional, contábil, financeiro.

Os profissionais das diversas áreas organizacionais precisam ser instruídos para contribuir com os conceitos externados e usufruir deles, em particular, para o exercício do processo/produto dos negócios privados ou governamentais com ênfase na necessidade de customização/adaptação e de inovação dos eventos integrantes das áreas organizacionais, das linhas de negócios/de prestação de serviços das entidades ou dos sistemas de informações.

A auditoria do *compliance*, da conformidade, do cumprimento das normas, regulamentações e contratos dá ênfase na punição e na correção e responsabiliza executivos, gestores ou profissionais especializados não alinhados ao processo/produto organizacional quando focados no horizonte presente/futuro – customização e inovação como prioridades da auditoria do negócio com TI no amanhã organizacional.

As auditorias de *compliance*/conformidade (visão horizonte passado, presente), de customização/adaptação e de inovação/pioneirismo (visão presente, futuro) devem ser trabalhadas concomitantemente.

Verificar o descumprimento do processo/produto organizacional (visão auditoria do *compliance*/da conformidade) compreende testar e provar o atendimento ao controle interno, mas, cuidado: controle interno é muito mais do que monitorar o serviço às normas, aos regulamentos e aos contratos, porque está em constante processo de mudança – buscar minimizar falhas e maximizar desempenho é inerente ao ciclo de vida do controle interno.

A norma/regulamento precisa evoluir à medida que as decisões e as recomendações são adotadas, desenvolvidas e instaladas.

A TI, com seus bancos de dados e modelos de rastreamento de natureza *big data*, *competitive intelligence* (CI), *business intelligence* (BI), é entidade facilitadora do atendimento ao controle interno.

O auditor inquiridor, pesquisador, transformador, com foco no alavancar e homogeneizar o processo/produto organizacional e em busca da inovação do evento contingente ou da produtividade, luta por resultados da auditoria além de proposição de natureza punição ao agente da fraqueza e correção do recurso inoperante.

> **A auditoria preventiva ou detectiva como prioridade da auditoria corretiva e com ênfase na customização e na inovação.**

A lógica da mudança ou transformação de práticas e resultados organizacionais é básica para o exercício da auditoria da gestão.

A recomendação de rodízio funcional é atividade inerente a projetos de auditoria da gestão – a auditoria da gestão de pessoas no foco.

Modelos da qualidade organizacional estabelecem ciclos funcionais com rodízio profissional para maior integração, melhor homogeneidade operacional e máxima sinergia funcional.

A qualidade da auditoria da gestão é determinada pelos parâmetros utilidade, resultado e eficácia, e é estruturada consoante duas vertentes da auditoria (qualitativa ou quantitativa) e suas respectivas ferramentas tecnológicas (evento organizacional, ponto de controle: conhecimento; parâmetros da gestão, da auditoria da gestão; indicadores, métricas, risco).

* **Qualitativa**
  * A gestão do evento organizacional, ponto de controle determina os recursos integrantes do evento organizacional, ponto de controle e respectivos problemas nas áreas ou linhas de negócio ou sistemas aplicativos afetados.
  * A gestão do conhecimento estabelece causas e efeitos do problema e demais características para a adequada solução com *upgrade* a novo patamar tecnológico organizacional.
  * Os parâmetros da gestão/auditoria da gestão classificam e estruturam o recurso, evento, ponto de controle – problema no processo/produto conforme a natureza:
    * efetividade – cumprir o compromissado;
    * eficácia – resolver o problema, no momento de seu uso, de acordo com as expectativas do consumidor com relação à solução para a recuperação da funcionalidade desestabilizada;
    * eficiência – solucionar com uso adequado de recursos alocados aos processos/sem desperdício;
    * economicidade – solucionar com valores monetários/custos justos;
    * produtividade – resolver com a melhor relação benefício/custo ou eficácia/eficiência ou produto/processo;
    * segurança – manter a integridade do processo/produto para a variável problema/solução na perspectiva de segurança física (estabilidade do recurso material); segurança lógica (correção do recurso tecnológico diante de modificação não autorizada acidental ou intencional; confidencialidade (evitar divulgação inadequada do recurso tecnológico); segurança ambiental (cuidar da funcionalidade dos recursos adicionais que dão sustentação à infraestrutura do recurso/evento organizacional/ponto de controle); segurança ocupacional (integridade física e mental do recurso humano);
    * regulamentações – cumprir as normas, legislação, contratos vigentes – o controle interno como norte do processo/produto.

Quantitativa

* A gestão de indicadores/métricas: mensurar a intensidade/quantidade de melhoria/diminuição de prejuízos/variação do maximizar desempenho ou minimizar falhas via métricas monetárias ou não monetárias, na perspectiva do amanhã relacionado ao hoje, é a missão do indicador e suas correspondentes métricas verificadas no tempo (antes e depois da ação/do projeto de mudança).

* Gestão de risco: apostar, com o quantificar, a possibilidade de alcance da melhoria estipulada/ansiada para os cenários futuros desenhados diante das contingências projetadas ou simuladas.

As ferramentas tecnológicas são de caráter universal para a aplicação na gestão ou auditoria da gestão dos negócios privados ou governamentais.

Para melhor conhecimento da natureza e funcionalidades das ferramentas tecnológicas para gestão ou para auditoria da gestão, ler os capítulos 1 e 2 do livro *Gestão: controle interno, risco e auditoria.*[14]

Questionar, perguntar e inquirir são características centrais do auditor – a qualidade do projeto de auditoria está atrelada àquela das questões e abordagens formuladas, observações, entrevistas e análises efetuadas, as quais, por sua vez, impõem o correto uso das ferramentas tecnológicas para gestão ou auditoria da gestão.

Apostar na especificidade dos questionamentos é essencial para o alcance de provas inusitadas e diferenciadas, em particular na auditoria da customização/adaptação ou inovação/pioneirismo.

> **Auditor da gestão é agente de mudança/do transformar para se ter um amanhã melhor do que hoje, preservando os recursos vigentes hoje e necessários à qualidade e à segurança dos cenários do amanhã – sempre sob a guarida do teste e da prova como justificativa da integridade da recomendação e da opinião.**

A integração da auditoria operacional com a auditoria da gestão ocorre quando do exercício das práticas e obtenção de resultados de natureza "projeção" (estabelecer o amanhã com base no passado/presente do negócio) ou "simulação" (estabelecer o amanhã com base em eventos não ocorridos no horizonte "passado/presente").

Qualificar e quantificar eventos organizacionais (visão gestão e operação) ou pontos de controle (visão auditoria) ocorrem desde o horizonte passado e presente para serem colocados na perspectiva do horizonte presente e futuro (a visão do cenário do amanhã).

A projeção considera o conceito de recorrência (há eventos organizacionais e pontos de controle do ontem que se repetirão no amanhã).

---

[14] GIL; ARIMA; NAKAMURA, 2013.

A simulação considera os conceitos de não recorrência (há eventos organizacionais e pontos de controle do ontem que não se repetirão no amanhã) e acaso (há eventos organizacionais e pontos de controle do amanhã que não têm relação com aqueles do passado).

A auditoria dos cenários futuros organizacionais compreende a gestão de risco, na perspectiva da não recorrência e do acaso, da variável contingência, incerteza, risco e respectivo plano de contingências.

Dessa forma, para qualificar e quantificar a projeção ou a recorrência e a simulação ou não recorrência de acaso, devemos gerar e analisar conhecimento relacionado ao:

- ambiente da gestão/operação do negócio – para decidir quanto às variáveis problema, solução, resultado e contingência, incerteza, risco;
- ambiente da auditoria da gestão e operação do negócio – para recomendar e opinar quanto às variáveis fraqueza, recomendação, resultado e contingência, incerteza, risco.

Evidentemente, a abordagem do ciclo de vida do projeto de auditoria está associada ao momento histórico organizacional na perspectiva da missão, das estratégias e dos objetivos do negócio, conduzida pela variável falhas *versus* desempenho.

1.9.2 Auditoria: nota explicativa e previsibilidade patrimonial

As notas explicativas são determinantes para melhorar a compreensão das vertentes (qualitativa ou quantitativa) da auditoria trabalhadas no relatório e no certificado de auditoria.

O melhor entendimento do conteúdo do relatório de auditoria (ponto de controle e recomendações) e do certificado de auditoria (opinião qualificada da auditoria realizada e decorrente da natureza das recomendações propostas), com ênfase no horizonte presente e futuro da área organizacional, linha de negócio, sistema de informação, é atribuição do conteúdo das notas explicativas.

No particular, a ideia da previsibilidade patrimonial pode ser contemplada nas notas explicativas da auditoria.

Para compreender o exercício e as expectativas do processo/produto organizacional no horizonte passado, presente e futuro expresso por relatório/certificado de auditoria, é preciso ter mais e melhores explicações, diante da complexidade crescente dos negócios, do mercado e da sociedade – a tecnologia impõe mudanças.

Elaborar notas explicativas sob a ótica das vertentes da auditoria estabelece um diferencial competitivo ao negócio à medida que *stakeholders* melhor compreendem a intensidade das mudanças ocorridas ou a ocorrer com as práticas e os respectivos resultados organizacionais (visão logística) – os processos decisórios em ação.

Explicitar o conteúdo de relatório ou certificado de auditoria melhora a abordagem das notas explicativas com utilidade para a tomada de decisão por *stakeholders* à medida que explicam como:

* os projetos de mudança (maximizar desempenho ou minimizar falhas) viabilizam as estratégias adotadas para a solução de problemas organizacionais vigentes ou futuros;
* a transparência e a responsabilidade (visão governança) explicitam e confirmam o ser hoje melhor do que ontem e amanhã melhor do que hoje (visão qualidade), com adequação de custos à solução de problemas – via estratégias e projetos (visão sustentabilidade);
* a mensuração do risco permite a hierarquia da contingência diante das incertezas flagradas.

A Figura 1.7 apresenta o campo de atuação das notas explicativas na gestão ou na auditoria da gestão dos negócios privados ou governamentais.

Figura 1.7 Ambiente das notas explicativas

A utilidade do relatório/certificado de auditoria está expressa no conhecimento gerado para decisões precisas e certeiras na perspectiva de cenários do amanhã desejados diante de projeções (recorrência) e simulações (não recorrência e acaso) inerentes aos processos decisórios organizacionais – as notas explicativas direcionadas à previsibilidade patrimonial como ingrediente fundamental ao melhor conhecimento do amanhã do mercado/da sociedade e da sustentabilidade de negócios privados ou governamentais.

A evolução do conteúdo das notas explicativas como contribuição à gestão do conhecimento do horizonte organizacional passado, presente e futuro é mandatória para o processo/produto decisório organizacional.

O problema e a solução/recomendação são elementos centrais dos processos de tomada de decisão e devem ser conhecidos hoje e estruturados como poderão ou deverão ser no amanhã.

O relatório/certificado de auditoria implica posicionar hoje o conhecimento do exercício do processo/produto no horizonte passado, presente e futuro.

Explicitar as causas e os efeitos da variável problema/solução é ênfase necessária à boa qualidade do alinhar notas explicativas ao ciclo de vida da decisão ou da recomendação.

A utilidade e a contribuição das notas explicativas de relatórios/certificados de auditoria a processos decisórios determinam a importância das três vertentes da auditoria na perspectiva do *stakeholder* tomador de decisão.

Saber usar é tão importante quanto saber fazer, e saber fazer é necessário para saber usar: ambas as expressões impõem o dilema na sintonia fina das atividades de auditoria com aquelas de logística, de contabilidade e de finanças.

Determinar a variação do processo/produto funcional das entidades privadas ou públicas no horizonte passado, presente, futuro via o denominador comum moeda (visão contábil) e a lógica de verificação com recomendação e opinião (visão auditoria), com seus fundamentos, regras, práticas e produtos finais, é contribuição das notas explicativas aos processos decisórios.

Qualificar contadores, auditores e demais *stakeholders* usuários de notas explicativas, demonstrações contábeis e de relatórios/certificados de auditoria é nova fronteira do conhecimento para o alcance de decisões e cenários futuros factíveis de sucesso.

Notas explicativas com conteúdo adequado para decisões corretas e certeiras conduzem *stakeholders* a desejarem ter maior conhecimento acerca do patrimônio organizacional futuro – a visão da previsibilidade patrimonial em ação.

Notas explicativas determinam a utilidade de demonstrações contábil-financeiras, relatórios e certificados de auditoria e relatórios de logística.

O conteúdo de nota explicativa como guia para visão/entendimento da previsibilidade patrimonial é dever de casa das organizações baseadas nas vertentes da gestão e da auditoria da gestão:

* problema, estratégia, projeto;
* governança, qualidade, sustentabilidade;
* contingência, incerteza, risco.

Explicitar atendimento à legislação, a regulamentações, práticas contábil-financeiras ou de auditoria organizacional e ao controle interno é insuficiente para confiança e maior tranquilidade dos *stakeholders* quanto à contribuição do conteúdo de notas explicativas aderentes a um ciclo de vida da decisão exitoso.

As notas explicativas devem fazer sentido para os usuários/consumidores do seu conteúdo consoante a seus interesses decisórios.

As três vertentes da auditoria impõem novas abordagens da análise do conteúdo de relatório e certificado de auditoria.

A maior utilidade das notas explicativas decorre do fundamento previsibilidade patrimonial e ambas as entidades criam o motor da qualidade dos processos decisórios.

O ciclo de vida da utilidade das notas explicativas é longo e compreende os reflexos do patrimônio futuro organizacional junto ao patrimônio futuro pessoal, com o acionar do momento gestão por meritocracia inerente à área de gestão de pessoas.

A participação nos resultados financeiros das organizações é decisiva para a gestão por meritocracia – a gestão de pessoas como usuária de notas explicativas.

A sintonia **conteúdo de notas explicativas** com o conceito **previsibilidade patrimonial** é o momento especial da controladoria estratégica e deve ser considerada por organizações privadas ou governamentais – a auditoria operacional e da gestão em ação.

O treinamento dos profissionais de contabilidade e demais gestores e profissionais especializados no uso da visão notas explicativas/previsibilidade patrimonial nos processos decisórios organizacionais é mandatório.

Incorporar novas práticas e tecnologias a metodologias para gestão ou auditoria da gestão, com o objetivo de tomar decisões estratégicas e de realizar projetos táticos precisos/certeiros, é importante para a qualidade do desenvolvimento sustentável das organizações privadas ou governamentais.

Tratar a expectativa patrimonial via o conceito de notas explicativas/previsibilidade patrimonial é mandatório no exercício dos processos decisórios.

A missão do auditor é servir como agente de mudança/transformação para um amanhã melhor do que hoje, com a preservação dos recursos vigentes hoje e necessários à qualidade e à segurança dos cenários do amanhã – sempre sob a guarida do teste e da prova como justificativa da integridade da recomendação e da opinião.

Referências

GIL, A. L. *Gestão da qualidade empresarial*. Lisboa: Publicações Europa-América, 2010.

GIL, A. L.; ARIMA, C. H.; NAKAMURA, W. T. *Gestão*: controle interno, risco e auditoria. São Paulo: Saraiva, 2013.

GIL, A. L.; ARNOSTI, J. C. *Balanço intelectual*. São Paulo: Saraiva, 2007.

GIL, A. L.; GALVÃO, P. R.; OLIVEIRA JUNIOR, R. *Gestão pública municipal de alto desempenho*. Curitiba: Juruá, 2016.

capítulo

2

Técnicas e procedimentos de auditoria

2.1 Introdução

2.1.1 A lógica das técnicas e dos procedimentos em auditoria

O exercício das atividades organizacionais, segundo a vertente **área organiza-cional, linha de negócios/serviços, sistema de informações**, compreende o uso de uma metodologia de trabalho que é assim estruturada:

1. etapas a cumprir – conjunto de técnicas e procedimentos integrantes de um subconjunto de atividades organizacionais;

2. técnicas a usar – conjunto de ferramentas de trabalho que viabilizam o exercício da etapa;

3. procedimentos a realizar – características de emprego da técnica conforme as especificidades das tarefas a exercer;

4. documentação a produzir – registro do exercício do binômio **técnicas/ procedimentos** que define e caracteriza o cumprimento da etapa;

5. produto final a alcançar – razão da existência da etapa e do cumprimento de técnicas e de procedimentos;

6. responsáveis pelo cumprimento da etapa – profissionais alocados no cumprimento da etapa da metodologia (exercício de técnicas, cumprimento de procedimentos, documentação das tarefas, alcance do produto final).

Técnicas e procedimentos são duas variáveis integradas em uma metodo-logia, e sua existência é o núcleo central dos processos organizacionais.

A combinação de técnicas e procedimentos é atividade de auditoria clássica e indispensável à boa qualidade do projeto de auditoria para melhor obter provas e caracterizar e justificar as recomendações mais adequadas, de maior poder de resolução quando o patamar tecnológico do processo/produto das entidades privadas ou governamentais se elevar.

Este capítulo apresentará o binômio técnicas/procedimentos de auditoria conforme a estrutura: nome, objetivo, breve descrição, observações e exemplos.

2.2 Técnicas/procedimentos aplicados na preparação da auditoria

2.2.1 Técnica/procedimento 1

Nome: realizar levantamentos

* Objetivos
  * Caracterizar o ambiente auditado em determinado momento histórico.
  * Permitir aos auditados, via entrevistas ou com respostas a questionários a distância, exporem a lógica de funcionamento de suas áreas; linhas de negócios; sistemas de informações.
  * Registrar, documentar e mapear o ambiente foco do trabalho de auditoria.
  * Compreender o processo/produto e respectivo ponto de controle objeto de auditoria.
* Breve descrição
  * Compreender o ambiente auditado via entrevistas, coleta de normas, manuais de sistemas, documentos, formulários, relatórios e computador.
  * Utilizar uma estrutura de registro de dados (papéis de trabalho), em termos de formatação de pasta permanente (digital ou não) com:
    * *layout* físico do ambiente auditado;
    * fluxograma via diagrama de fluxo de dados (DFD) ou *Work Breakdown Structure* (WBS), por exemplo, da dinâmica operacional/fluxo de informações da área auditada;
    * ordenação via codificação dos documentos, normas e imagens de telas coletadas.
  * Sistematizar os registros de atualizações da documentação das rotinas das áreas auditadas.

Capítulo 2 Técnicas e procedimentos de auditoria

* Realizar reuniões com os gestores e profissionais especializados das áreas auditadas para atualização dos dados sobre elas, inclusive durante o transcorrer do trabalho/projeto de auditoria.
- Observações
  * É importante o conhecimento da técnica de levantamento para rápido registro da lógica funcional e que permita liberdade de ação ao auditor.
  * Fazer um fluxograma da dinâmica das áreas auditadas é fundamental para a imediata compreensão do contexto objeto de auditoria.
  * A aplicação de *checklist* para o levantamento facilita e torna mais ágil os trabalhos de validação e avaliação.
  * Deve existir uma metodologia de trabalho com o encaixe correto da fase de levantamento, bem como das subsequentes fases de atualização, com uma estrutura da forma e dos meios de realização da documentação para facilidade de futuro acesso.
  * Caracterizar a estrutura orgânica com a correspondente descrição de funções é capital para um bom levantamento.
  * Visitar o ambiente auditado e ter atuação anterior em situações/momentos análogos permitem maior rapidez e precisão nos levantamentos efetuados.
- Exemplos
  * Estrutura orgânica, *layout* físico e DFD ou WBS da área organizacional, linha de negócio ou de serviços, sistema de informação, arquivados em pasta permanente.

2.2.2 Técnica/procedimento 2

Nome: observar procedimentos

- Objetivos
  * Determinar a adequação das atividades operacionais de área organizacional, linha de negócios ou de serviços, sistema de informações, em termos de:
    - executar procedimentos errados;
    - realizar procedimentos em duplicidade;
    - omitir procedimentos recomendados;
    - faltar ou inexistir procedimentos;
    - executar procedimentos com dolo, como roubo, furto ou fraude.
  * Analisar os métodos de trabalho empresariais.
- Breve descrição
  * Levantar, caracterizar e documentar o fluxo de procedimentos organizacionais.

- Analisar o fluxo hierarquizando os procedimentos mais importantes – visão para maximizar desempenho (eventos organizacionais de natureza FCS – fator crítico de sucesso) ou minimizar as falhas (eventos organizacionais de natureza Spof – *single point of failure,* ou ponto da falha) – classificados segundo os vetores:
  - segurança/confidencialidade;
  - produtividade (eficácia do resultado relacionada à eficiência do processo ou benefício alcançado em relação ao custo incorrido);
  - obediência às normas (legais e empresariais) – visão controle interno (conformidade/*compliance*).
- Estudar e caracterizar os procedimentos mais críticos (FCS ou Spof) sob a ótica dos parâmetros definidos no objetivo.
- Emitir relatório de auditoria.
- Observações
  - Utilizar técnicas de fluxogramação adequadas para:
    - agilizar a elaboração do fluxo;
    - facilitar a compreensão e atualização do fluxo;
    - permitir a rápida hierarquização dos procedimentos;
    - facilitar a documentação.
  - O WBS é uma técnica de fluxogramação de uso universal, com as seguintes características:
    - estruturar os procedimentos organizacionais a partir do produto e retroagindo aos dados iniciais;
    - representar o alcance desse resultado final em camadas de procedimentos, daqueles mais sintéticos até o nível mais analítico considerado adequado para o correto entendimento da área, linha de negócio ou sistema de informações objeto de aplicação da técnica de auditoria **observar procedimentos**.
  - Ter registros históricos que direcionem e agucem o espírito do auditor na hierarquia de procedimentos com possiblidade de fraquezas.
  - Utilizar o conceito de desmonte da dinâmica dos trabalhos empresariais em termos de:
    - procedimentos operacionais;
    - procedimentos de controle;
    - resultados operacionais;
    - resultados de controle.
  - Facilitar ao auditor aplicar o ciclo PDCA – *plan*/planejar; *do*/executar; *check*/checar; *act*/agir – para realizar o projeto de auditoria.

Exemplos

* Analisar procedimentos de abertura de contas de novos clientes.

* Constatar as atividades do operador de máquinas quanto à manutenção preventiva, detectiva e corretiva.

* Acompanhar procedimentos operacionais de carga e descarga.

2.2.3 Técnica/procedimento 3

Nome: realizar entrevistas

* Objetivo
  * Captar os profissionais auditados:
    * explicações acerca do funcionamento da vertente área organizacional, linha de negócios/serviços, sistema de informações;
    * qualificação técnica e capacidade profissional quanto ao desempenho das funções de funcionários ou profissionais especializados – sintonizar comportamento profissional à cultura organizacional;
    * sugestões para otimizar a organização (maximizar desempenho ou minimizar falhas);
    * participar da instalação de novas tecnologias e viabilizar a transferência de tecnologia.
* Breve descrição
  * Planejar a entrevista a ser realizada:
    * identificar os profissionais que executam as tarefas ou detêm o conhecimento do ambiente auditado;
    * preparar *checklist*, roteiro, questionário para otimizar o tempo necessário à entrevista;
    * alinhar as questões com os objetivos do projeto de auditoria, o qual deve atender às estratégias organizacionais estabelecidas;
    * marcar com antecedência local e hora de início e fim da entrevista.
  * Realizar anotações, gravar ou filmar a entrevista.
  * Fazer ata de reunião e obter assinatura do auditado ao questionário respondido ou à ata da reunião lavrada.
  * Analisar e correlacionar respostas e situações da entrevista com identificação das inadequações operacionais.
  * Fazer resumo das principais fraquezas flagradas.

- Confrontar a entrevista com outras realizadas, para efeito de dimensionar causas e efeitos e as principais fraquezas flagradas.
- Especular causas e efeitos das fraquezas determinadas.
- Emitir relatório de auditoria.

• Observações
- Caracterizar adequadamente o entrevistado quanto ao seu nível de conhecimento da vertente área organizacional, linha de negócios/serviços, sistema de informações, bem como respeitar a hierarquia empresarial e os vínculos entre áreas, evitando colocações em duplicidade ou em áreas inadequadas.
- Simular o desenrolar da entrevista estabelecendo critérios de início e fim de cada entrevista (horário e sequência de raciocínio, buscar cobrir todo o assunto em uma única entrevista).
- Ter conhecimento da vertente área organizacional, linha de negócios/ serviços, sistema de informações para poder interagir em igualdade técnica--operacional com o entrevistado.
- Atuar em conjunto quando os entrevistados comparecerem em equipe a uma reunião.
- Manter clima de cordialidade profissional nas entrevistas.
- Buscar separar problemas de ordem profissional daqueles de natureza política.
- Efetuar as entrevistas em ambiente virtual, se necessário, com o uso dos recursos da internet.

• Exemplos
- Entrevistar o gerente do departamento para obter conhecimento do momento profissional da área, do negócio e do sistema de informação.
- Entrevistar pessoas da área de novos produtos ou com especialistas de centros de pesquisas para a montagem de cenários futuros empresariais.
- Assistir a apresentações de gerentes de tecnologia da informação (TI) ou profissionais coordenadores de sistemas de informações.

2.2.4 Técnica/procedimento 4

Nome: estabelecer trilhas de auditoria

• Objetivos
- Determinar rotinas e informações de controle que permitam restabelecer:
  • os dados, com base nas informações finais;

- a eficácia do resultado com a solução anteriormente idealizada para tratar um problema.
- * Determinar o caminho crítico, em termos de rotinas e resultados operacionais, para o funcionamento de uma área organizacional, linha de negócio ou de serviços, sistema de informações (*walk-thru*) – caminho mínimo necessário para transformar matéria-prima (dado) em produto final (informação).
- Breve descrição
  - * Compreender área, linha de negócio e sistema objeto de auditoria com identificação de:
    - rotinas e resultados de controle (*audit trail*);
    - rotinas e resultados operacionais mínimos necessários ao funcionamento do ambiente auditado (*walk-thru*).
  - * Hierarquizar e detalhar essas rotinas e resultados – operacionais ou de controle – para estabelecer prioridades de auditagem.
  - * Validar a trilha – operacional ou de controle – para a convicção de sua utilidade:
    - evitar buracos ou vazios na trilha que onerem processos de recomposição ou de otimização de área, linha de negócio e sistema, não justificando a existência da trilha;
    - evitar duplicidades ou redundâncias na trilha.
  - * Apurar irregularidades.
  - * Emitir relatório de auditoria.
- Observações
  - * Evitar poluição da trilha de auditoria com exagerado estabelecimento de controles que dificultem e aumentem os custos operacionais de área, linha de negócio, sistema de informação.
  - * Realizar *backup* da trilha para efeito de utilização pela auditoria quando necessário.
  - * Buscar procedimentos de alerta operacional quando o processo/produto da trilha de auditoria (*audit trail*) não fechar, ou o caminho crítico/trilha operacional (*walk-thru*) não funcionar, de sorte a evitar a continuidade de processamento desnecessária – visão auditoria do estresse operacional/organizacional.
  - * Registrar a lógica de cruzamento da trilha de auditoria.
  - * Buscar a otimização das trilhas (*audit trail* e *walk-thru*).

> O *walk-thru* mais o *audit trail* formam o *walk-through* (caminho para atravessar do dado à informação e como somatório de todas as rotinas e resultados operacionais e de controle críticos/principais/centrais). O *walk-through* deve ser o conjunto de rotinas e resultados (operacionais e de controle) básicos para garantia da correção do funcionamento do processo/produto organizacional.
>
> Estressar o *walk-through* é tarefa fundamental para obter a qualidade dos projetos de auditoria de negócio com TI.

- Exemplos
  - ✳ *Audit trail*:
    - • rotina de cálculo do dígito "verificar";
    - • total anterior mais ou menos o somatório a crédito ou a débito do movimento diário, confrontado com o total mensal da posição de estoque de produtos acabados.
  - ✳ *Walk-thru*:
    - • rotina de atualização de dados de conta-corrente bancária;
    - • rotina de consulta ao conteúdo do banco de dados.
  - ✳ *Walk-through*.
  - ✳ Rotinas de captura de dados, atualização e armazenamento de informações em bancos de dados; consulta e cálculos para a transformação dos dados em informações e apresentação das informações para o exercício das atividades dos usuários.

2.2.5 Técnica/procedimento 5

Nome: caracterizar ponto de controle

- Objetivos
  - ✳ Estabelecer nome, código, ambiente operacional e demais características do ponto de controle.
  - ✳ Caracterizar o ponto de controle em termos de seus recursos humanos, materiais, tecnológicos e financeiros.
  - ✳ Identificar o ponto de controle como um *mix* de processos e resultados operacionais e de controle.
- Breve descrição
  - ✳ Entender o ambiente auditado.

Capítulo 2 Técnicas e procedimentos de auditoria

- Identificar e definir o enfoque da auditoria do ponto de controle (parâmetros da gestão ou da auditoria da gestão; natureza de causas e de efeitos da fraqueza; expectativa de minimizar falha ou de maximizar desempenho e tipo de provas a alcançar).
- Definir a forma de validação do ponto de controle (técnica a aplicar, sequência de procedimentos, forma/intensidade da abordagem, sustentação/indícios vigentes).
- Validar o ponto de controle (realizar testes).
- Analisar os resultados dos testes com enquadramento nos objetivos da auditoria realizada e determinar provas das fraquezas flagradas.
- Emitir relatório de auditoria.

- Observações
  - Conhecer a documentação de caracterização do ambiente auditado e realizar sua leitura são a base para determinar o ponto de controle.
  - Otimizar o "espírito do auditor" via experiência profissional, uso de estatísticas e consulta a banco de dados de projetos de auditoria para flagrar o ponto de controle coerente com os objetivos da auditoria desejada.
  - Tratar o ciclo de vida do ponto de controle (determinar, recomendar, avaliar a mudança) segundo o enfoque da administração de projetos (todo projeto deve ter fim), com o cumprimento do ciclo PDCA, e atender ao nível organizacional (estratégico, tático, operacional).
  - Utilizar guia/programa de auditoria para documentar o projeto de auditagem do ponto de controle.
  - Classificar o ponto de controle em termos de:
    - área, departamento, segmento empresarial; linha de negócios ou de serviços; sistema de informações;
    - processos ou resultados;
    - dados operacionais ou de controle;
    - parâmetro da gestão/auditoria da gestão;
    - natureza de minimizar falha ou maximizar o desempenho esperado;
    - área, linha de negócio, sistema de informação.

Os recursos humano, material, tecnológico (ativo intangível) e financeiro (valorização monetária dos outros três tipos de recursos) compõem o evento organizacional objeto da auditoria – o conceito de "ponto de controle" como fundamento para os projetos de auditoria.

O evento organizacional/ponto de controle é trabalhado por:

- gestores, quando se priorizam eventos organizacionais – diante de problema vigente ou potencial categorizado por parâmetro da gestão;
- auditores, quando se arbitram pontos de controle – como prioridade para o efeito caracterizar a fraqueza de natureza parâmetro da auditoria da gestão.

> **O parâmetro da gestão é da mesma natureza do parâmetro da auditoria da gestão diante da intensa integração entre o trabalho do gestor e o do auditor.**

A missão da ferramenta tecnológica eventos organizacionais/pontos de controle é identificar, escolher e caracterizar, no espaço/tempo organizacional, os recursos do processo/produto foco do verificar, recomendar e opinar – a atividade da auditoria do ponto de controle.

A independência da auditoria – diante do maximizar desempenho ou do minimizar falha – permite a escolha do ponto de controle de natureza:

- evento organizacional – problema trabalhado pelo gestor;
- evento organizacional não considerado problema prioritário pelo gestor, mas com potencial fraqueza arbitrada pelo auditor.

A gestão de risco – ambiente da variável contingência, incerteza, risco – para a escolha do ponto de controle visa à qualidade do projeto de auditoria como prerrogativa para independência do auditor.

O ponto de controle tem, ainda, como norte o objetivo e as metas da auditoria da gestão enquadradas pelas estratégias da auditoria, as quais são sintonizadas às estratégias do negócio.

A escolha do ponto de controle implica a análise lógica dos seguintes aspectos:

- existência do banco de dados – pontos de controle;
- uso da representação gráfica WBS;
- classificação via parâmetros da auditoria da gestão;
- entendimento de causas e efeitos – gestão do conhecimento;
- aplicação de indicadores/métricas;
- realização de gestão de risco;
- revisão do controle interno.

Técnicas e procedimentos de auditoria

O ponto de controle (*control point*) viabiliza a responsabilidade da auditoria de validar e avaliar o estágio técnico-operacional das organizações na perspectiva de seu horizonte passado, presente e futuro e é inerente aos trabalhos de auditoria da gestão – a abordagem *benchmark* como vetor da validação e da avaliação da atividade de auditoria.

* Exemplos
  * A segregação de funções entre os momentos engenharia do produto e especificação do processo com a engenharia do processo.
  * Rotinas de arquivamento de documentos/relatórios ou normas operacionais da dependência.
  * Condições físicas de instalações, depósitos, armazéns.
  * Elaboração de plano diretor anual/plano estratégico.
  * Estocagem de matéria-prima ou produto acabado.
  * Ciclo de vida de anteprojeto organizacional (de requisitos/especificações a protótipo).
  * Nível de atividade de banco de dados.
  * Elementos da variável contingência, incerteza, risco.

2.3 Técnicas e procedimentos aplicados na fase da auditoria propriamente dita

2.3.1 Técnica/procedimento 1

Nome: verificar *in loco*

* Objetivo
  * Realizar comprovação, via presença física, da mecânica/situação operacional do ambiente auditado.
  * Familiarização com o ambiente objeto de auditoria.
  * Interagir pessoalmente com a área auditada.
  * Conhecer a estrutura de monitoração do ambiente físico:
    * circuito fechado de televisão;
    * sistema de sensoriamento de portas, de presença física e de controle de acesso físico (cartão magnético ou reconhecimento de dados biométricos – voz, impressão digital etc.).

- ✳ Constatar situações de ambiente de trabalho inóspito ou que inviabiliza a qualidade do trabalho desenvolvido (condições funcionais – visão da segurança ocupacional).
- Breve descrição
  - ✳ Obter descrição prévia do ambiente auditado para estabelecer o roteiro da visita e caracterizar os tópicos básicos a serem constatados:
    - determinar os objetivos da auditoria e da verificação de cada tópico;
    - detalhar o roteiro da visita;
    - mapear, com a elaboração de *layout* das instalações físicas, o ambiente objeto de verificação física.
  - ✳ Identificar as fraquezas e manter diálogo com os auditados acerca de causas e efeitos.
  - ✳ Captar, por sensibilidade própria do auditor ou denúncia do auditado, as situações de irregularidades ou de melhorias necessárias.
  - ✳ Emitir o relatório de auditoria.
- Observações
  - ✳ Realizar a visita com acompanhamento de gestores ou profissionais auditados caso o fator surpresa seja desnecessário.
  - ✳ Certificar-se de que os auditados estarão presentes e participarão da visita.
  - ✳ Documentar a visita por meio de:
    - ata;
    - comunicação confirmando a visita;
    - pasta de trabalho;
    - fotografia dos problemas, quando necessário.
  - ✳ Utilizar a internet como meio de comunicação para ter rapidez e segurança nos registros relativos à visita física.
  - ✳ Armazenar esses registros em ambiente de TI.
  - ✳ Ter conhecimento técnico da terminologia e da tecnologia previamente à visita.
- Exemplos
  - ✳ Visita a uma agência/dependência organizacional para verificar as condições de segurança das instalações:
    - plano de desastres;
    - gabinete de crise;
    - equipes de combate a incêndio, inundação, desabamento.
  - ✳ Conhecimento, via presença física, do *modus operandi* de uma planta industrial.

2.3.2 Técnica/procedimento 2

Nome: verificar controles

* Objetivos
  * Monitorar a sintonia dos planos organizacionais com as práticas de acompanhamento do alcance de metas e correspondentes ajustes necessários.
  * Identificar e analisar adequações às recomendações para *feedback/action*, possibilitando planejamento e execução no futuro ciclo de tomada de decisão organizacional.
  * Utilizar a função administrativa controle para dar mais segurança ao processo/produto organizacional.
* Breve descrição
  * Verificar a sintonia do planejamento com o controle organizacional.
  * Comprovar as práticas de *feedback/action* com os desvios flagrados para melhorar os futuros ciclos de processo/produto.
  * Testar, por simulação ou em tempo real, com amostras de registros operacionais, a funcionalidade dos controles.
  * Recomendar adequações ou inclusões de controles para melhorar a segurança dos negócios.
  * Analisar e especular qual é o nível ideal de controle da área organizacional, linha de negócio, sistema de informação para custos e tempo adequados de processamento e utilidade dos resultados operacionais.
* Observações
  * A principal dificuldade quando há controles é comprovar a sua real utilização na normalidade funcional do negócio privado ou governamental.
  * O fator surpresa na auditoria de controles é recomendável para o alcance de certeza do uso dos controles nos momentos operacionais.
  * Deve-se minimizar ou evitar recomendar punições quando se identifica o mau uso dos controles vigentes ou recomendados.
  * É preciso estruturar os controles segundo o cumprimento da legislação ou das regulamentações internas ao negócio, assim como em termos de seus subconjuntos: controles lógicos; controles para evitar quebra de confidencialidade; controles para segurança física; controles de natureza ambiental (catástrofes, acidentes naturais); controles do tipo proteção física ou mental do profissional/trabalhador (visão da segurança do trabalho).
* Exemplos
  * Equipamento de proteção individual (EPI).

* Trabalho seguro – proteção à integridade das tarefas e a seus recursos componentes, com especial atenção à segurança do recurso humano.
* Rotinas de proteção dos ativos intangíveis organizacionais, como cópias de documentos sensíveis e de arquivos vitais à continuidade operacional do negócio (visão *backup*).

2.3.3 Técnica/procedimento 3

Nome: aplicar questionários

* Objetivo
  * Direcionar os trabalhos de auditoria:
    * cobrir todas as situações a serem auditadas pela proposição de questões;
    * facilitar o processo de entrevista, observação de procedimentos e de verificação *in loco*;
    * viabilizar auditoria a distância;
    * facilitar a tabulação das respostas e correlacionar situações críticas entre projetos ou ambientes auditados distintos;
    * permitir a apuração de notas da qualidade do ambiente auditado;
    * operacionalizar a autoauditoria realizada pelo auditado;
    * classificar as questões segundo os parâmetros de auditoria.
* Breve descrição
  * Elaborar previamente o questionário-base, cobrindo o máximo de situações do ambiente auditado.
  * Definir objetivos e abrangência da auditoria.
  * Selecionar e preparar o questionário a ser aplicado.
  * Programar a aplicação do questionário a distância ou por visita *in loco* com entrevistas, ou não, no ambiente auditado.
  * Registrar, receber e analisar as respostas.
  * Alcançar as situações inconvenientes.
  * Buscar a aplicação de outras técnicas de auditoria para confirmar as fraquezas apuradas, particularmente, na aplicação de questionário a distância.
  * Elaborar relatório de auditoria.
* Observações
  * A elaboração do questionário deverá ser feita de sorte a obtermos respostas, sempre positivas ou negativas, que indiquem o grau de confiabilidade e correção do ambiente auditado.

Capítulo 2 Técnicas e procedimentos de auditoria 85

* A aplicação do questionário a distância implica enviá-lo com um manual de instruções e tomar cuidado com interpretações subjetivas, quer para questões, quer para respostas.

* A cada projeto de auditoria, as questões devem ser recicladas para efeito de manutenção de uma base de questões correta, atualizada e útil ao minimizar as falhas ou maximizar o desempenho.

* As questões devem ser classificadas/estruturadas em famílias para efeito de facilidade da abordagem da auditoria, segundo os vetores:
  * função/área de estrutura orgânica ou dependência auditada;
  * natureza da situação crítica (FCS/Spof) a ser constatada.

* Perguntas direcionadas ao tipo de sistema ou processo/produto organizacional (nível da informação *versus* ciclo administrativo).

* Deve-se considerar questões inerentes às vertentes da auditoria:
  * problema, estratégia, projeto;
  * governança, qualidade, sustentabilidade;
  * contingência, incerteza, risco.

* Exemplos
  * Questionário segundo parâmetros da gestão ou auditoria da gestão:
    * segurança lógica (visão integridade de ativo intangível): quais os totais de controle a serem cruzados entre o movimento diário da poupança e as correspondentes contas do balancete diário de fechamento da agência?
    * eficácia (visão utilidade): qual a frequência de acesso a informações constantes do banco de dados contábil-financeiro? Qual a intensidade do uso de telas/relatórios gerenciais da área industrial?
    * eficiência (visão não desperdício – teoria da agência): qual o custo dos conflitos entre acionistas, alta administração e direção do negócio (visão teoria da agência privada) e entre a equipe de governo e a equipe de estado (visão teoria da agência governamental)?
    * confidencialidade (visão captação não autorizada): qual o prejuízo à imagem organizacional decorrente do vazamento de informações privilegiadas?

2.3.4 Técnica/procedimento 4

Nome: determinar amostras

* Objetivos
  * Dar velocidade e direcionamento ao trabalho de auditoria, evitando testes repetitivos ou fora do objetivo da auditoria do ponto de controle.

* Testar situações/casos mais significativos.
* Emitir opinião sobre um universo com base na análise de um subconjunto qualificado e significativo.

● Breve descrição
* Compreender o universo via análise da documentação do ambiente auditado e de entrevistas e visitas *in loco*.
* Estabelecer regras para obtenção da amostra:
  * datas de vencimento;
  * limites para enquadramento da amostra;
  * modelagem matemática do risco;
  * campos de valores ou quantidades;
  * uso de estatística para cálculo de média, desvio padrão, estabelecimento de quartis, curva ABC;
  * aplicação de tabela de números aleatórios.
* Aplicar regras e obtenção das amostras.
* Testar amostras e analisar os resultados dos testes.
* Emitir relatório de auditoria com as fraquezas identificadas.

● Observações
* Registrar as regras de escolha das amostras, com o objetivo de acompanhar futuras avaliações.
* Aplicar as técnicas de amostragem em universo consistente e denso.
* Utilizar o computador para realizar o tratamento matemático.
* Referenciar no relatório de auditoria que o trabalho foi realizado utilizando-se a técnica da amostragem estatística.
* Considerar a experiência dos auditores com a aplicação de práticas de natureza votação, como o método Delphi.
* Atentar à sistemática de falhas ou desempenho excepcional, que deve ser considerada como momento para a atuação da auditoria na modalidade determinar amostras.

● Exemplos
* Selecionar uma amostra do universo clientes da agência bancária valendo-se dos critérios:
  * conta não movimentada;
  * contas com maior saldo;
  * contas com maior frequência ou períodos negativos;
  * contas com maior intensidade de movimentação.

2.3.5 Técnica/procedimento 5

Nome: exame físico de documentos

* Objetivo
  * Constatar a integridade física do documento para adequada leitura, alcance material para a confirmação de sua existência e comprovação de estrutura física em termos do controle interno vigente.
* Breve descrição das práticas de auditoria
  * Enquadrar o documento como de interesse ao processo ou de natureza produto gerado por área organizacional, linha de negócio ou de serviço, ou sistema de informação.
  * Caracterizar o documento como ponto de controle.
  * Determinar amostras.
  * Realizar análise visual.
  * Visitar ambientes de manuseio, transporte e arquivamento.
  * Estabelecer usuários do documento conforme normas e práticas vigentes.
  * Identificar causas e efeitos da boa ou má qualidade física do documento verificado.
  * Flagrar as fraquezas inerentes ao documento inspecionado – falsificações, rasuras, adulterações e complementações.
  * Anotar em registros de auditoria a verificação feita.
  * Gerar conhecimento acerca da validação efetuada para efeito de gestão da auditoria.
* Observações
  * Utilizar fator surpresa quando necessário.
  * Cuidar para o mínimo de interferência na sistemática operacional da área auditada.
  * Tratar a importância do documento conforme a natureza do seu conteúdo e lógica de utilização.
  * Considerar as condições de destruição, prazos de retenção e transformação em documento digital.
  * Identificar as condições ambientais sob as quais o documento é processado ou armazenado diante de catástrofes – incêndio, inundação, explosão, desabamento etc.
  * Considerar as condições de risco físico aos documentos para a lógica da continuidade operacional da área, linha de negócio ou sistema de informações.

* Contribuir com anotações pertinentes às ferramentas tecnológicas para a gestão da auditoria – estruturar indicadores de falhas *versus* desempenho, avaliar risco, considerar os parâmetros da gestão/auditoria da gestão e identificar os recursos envolvidos.

* Exemplos
  * Verificar papéis negociáveis.
  * Constatar a existência de contratos.
  * Flagrar normas integrantes do controle interno organizacional.
  * Obter exemplares de relatórios emitidos por sistemas aplicativos.

2.3.6 Técnica/procedimento 6

Nome: analisar registros

* Objetivo
  * Identificar a qualidade das informações existentes nas organizações em termos de:
    * lógica de armazenamento (eficiência);
    * pertinência de sua existência (eficácia);
    * importância do conteúdo para operacionalização empresarial (produtividade);
    * enquadramento da informação em normas legais ou empresariais;
    * rastreamento do tratamento dado a determinado tipo de transação.
* Breve descrição
  * Compreender o conteúdo do registro sob a ótica da vertente área organizacional, linha de negócios/serviços, sistema de informação no sentido de:
    * máximo conhecimento do "ciclo de vida" de cada uma dessas variáveis;
    * importância de cada variável no contexto organizacional;
    * utilidade, forma e momento de uso de cada variável.
  * Identificar normas, regulamentos, contratos e manuais (visão controle interno) atinentes a vertente e suas variáveis.
  * Analisar o **registro problema** diante das necessidades organizacionais.
  * Flagrar fraquezas (vigência de falhas ou necessidade/possibilidade de melhor desempenho) inerentes à variável e à vertente.
  * Emitir relatório de auditoria e opinar, via certificado de controle interno, sobre a utilidade do conteúdo do registro.

Capítulo 2 Técnicas e procedimentos de auditoria

89

* Observações

  * Dar tratamento estatístico ao conteúdo do registro para identificar coerência e pertinência, com aplicação de:
    * média;
    * desvio padrão;
    * séries históricas;
    * risco;
    * métricas.

  * Identificar padrões para o conteúdo das informações, com o objetivo de determinar rapidamente informações discrepantes, sem sentido lógico, fora de prazo, excedendo limites, com atividade/intensidade de uso anormal, falta de coerência entre o conteúdo apresentado e a unidade de medida explicitada e indício de fraude.

  * Estabelecer parâmetros de análise de sensibilidade para definir níveis de tolerância, no sentido de identificar o conteúdo objeto de alteração não autorizada (segurança lógica) ou de acesso não autorizado (confidencialidade).

  * Montar cenários operacionais e realizar simulações para identificar a utilidade do conteúdo do registro.

  * Debater com os profissionais do ambiente auditado o consumo/nível de atividade do conteúdo do registro e a pertinência de sua existência para o desenvolvimento das tarefas e atribuições organizacionais.

* Exemplos

  * Analisar saldo negativo em conta-corrente de pessoa jurídica ou física e intensidade de ocorrência do fato.

  * Discutir o ciclo de vida do conteúdo do registro com seus usuários.

2.3.7 Técnica/procedimento 7

Nome: contagens físicas de ativos tangíveis – inventários

* Objetivos

  * Garantir a existência dos ativos empresariais – matéria-prima; instalações; insumos; material de consumo; produto acabado; numerário; móveis e utensílios; veículos, máquinas e equipamentos; pessoal; documentos; dispositivos para armazenamento de *softwares*; programas de computador e bancos de dados.

  * Tabular o recurso material componente do processo/produto organizacional.

- Breve descrição
  - ∗ Identificar o ambiente em que se encontra o ativo empresarial.
  - ∗ Obter unidade de medição e alcançar equipamentos e procedimentos necessários à realização da contagem física.
  - ∗ Realizar a contagem (auditor acompanhado do responsável pelo ativo).
  - ∗ Registrar a contagem realizada em papel de trabalho e com as rubricas do auditor e do auditado.
  - ∗ Constatar as quantidades apuradas contra os registros contábeis ou operacionais existentes.
  - ∗ Registrar, em relatório de auditoria, as divergências encontradas, com indicação das causas que as ocasionaram e os correspondentes efeitos e subsequente fornecimento de soluções direcionadas a causas e efeitos.
  - ∗ Caracterizar descumprimento ao controle interno.
- Observações
  - ∗ O auditor deve atuar com um roteiro/lista de verificação e ter conhecimento acerca das características técnico-operacionais do ativo objeto de contagem física.
  - ∗ Planilhas/matrizes para a contagem com estrutura para facilitar a classificação dos itens devem ser disponibilizadas aos auditores.
  - ∗ O fator surpresa deve ser considerado.
  - ∗ As divergências entre as contagens e os registros devem ser apuradas e comunicadas em relatórios de auditoria ou outros meios mais ágeis para elucidar as ocorrências.
  - ∗ Deve-se considerar as situações de roubo ou furto, com consequente desdobramento do evento doloso, em boletim de ocorrência e inquérito interno ao negócio ou externo, de natureza policial.
- Exemplos
  - ∗ Contagens dos ativos financeiros das agências separados em:
    - • numerário em espécie;
    - • papéis negociáveis.
  - ∗ Enumeração de bens patrimoniais.
  - ∗ Medições de tanques, depósitos e armazéns.
  - ∗ Dimensionamento de cargas para efeito deslocamento, distribuição e faturamento.

2.3.8 Técnica/procedimento 8

Nome: comparar registros

* Objetivo
  * Correlacionar eventos organizacionais objeto de auditoria, em termos de:
    * arquivos operacionais com arquivos contábeis;
    * registros manuais com registros em computador;
    * informações existentes na filial A e na filial B.
* Breve descrição
  * Identificar a informação a ser analisada.
  * Determinar os arquivos a serem correlacionados da agência/dependência A e desta com a agência/dependência B.
  * Compreender e analisar o conteúdo da informação (se a lógica de cada informação é a mesma).
  * Alcançar conclusão a respeito da existência ou não de divergências entre as informações analisadas.
  * Elaborar papéis de trabalho que retratem os procedimentos de auditoria aplicados e caracterizem as divergências apuradas.
  * Emitir relatório de auditoria.
* Observações
  * Estudar a lógica/natureza das informações a comparar para evitar conclusões indevidas por divergências entre informações aparentemente idênticas, porém de conteúdos distintos.
  * Obter do auditado a origem histórica da informação, a abordagem de sua utilização e características quanto:
    * à informação operacional ou de controle;
    * à periodicidade na apuração da informação;
    * ao nível de agregação da informação;
    * à intensidade de uso ou utilidade da informação;
    * às distorções com relação a valores ou quantidades fora de limites de normalidade – dar tratamento estatístico, quando necessário.
  * Valer-se em ambiente informatizado do dicionário de dados para completa compreensão da informação.

- Exemplos
  - Comparar registros/saldos analíticos com os registros/saldos do balancete contábil diário da filial.
  - Comparar posição de fornecedores ou clientes com registros empresariais.

2.3.9 Técnica/procedimento 9

Nome: efetuar circularização

- Objetivo
  - Confirmar uma posição financeira ou um conjunto de procedimentos operacionais – em uma situação objeto de auditoria – com o titular da posição ou o profissional que estabeleceu o procedimento.
  - Garantir a realidade de uma situação por meio da confirmação com mais de um interessado, admitindo-se que, pelo conceito de segregações de funções, mais de uma pessoa seja partícipe de cada situação objeto de auditoria.
  - Testar a sistemática de segregação de funções existentes com base na documentação e em registros referentes ao controle interno instalado.
- Breve descrição
  - Identificar e escolher a área, linha de negócio, sistema e respectivo esquema de segregação de funções a ser circularizado.
  - Caracterizar o universo e estabelecer os critérios de escolha da amostra a ser circularizada.
  - Definir as respostas à circularização a ser alcançada.
  - Disparar processo de circularização, como envio de mensagens, de arquivos ou registros, para obtenção de confirmação com um terceiro da informação obtida com o primeiro.
  - Analisar as respostas obtidas e confrontá-las com as esperadas.
  - Identificar desvios e apurar causas e efeitos.
  - Emitir relatório de auditoria.
- Observações
  - Compreender o modelo de segregação de funções do ambiente auditado para realizar a circularização entre as funções corretas.
  - Estabelecer critérios adequados, inclusive via modelagem matemática, para obter amostra que seja representativa do universo e através da qual se possa obter respostas de 100% das solicitações de confirmação enviadas.

Capítulo 2 — Técnicas e procedimentos de auditoria

* Explicitar a responsabilidade dos auditados pelas informações prestadas.
* Solicitar nova confirmação em caso de desvio acentuado.
* Realizar circularização em tempo hábil para que as confirmações guardem utilidade.
* Informar adequadamente as pessoas sobre as funções da mecânica e os propósitos da circularização.

* Exemplos
  * Circularizar pessoas jurídicas que apresentem saldo negativo, em determinada data, em um sistema de conta-corrente de clientes.
  * Circularizar posição de acionistas.

2.3.10 Técnica/procedimento 10

Nome: exame lógico/confidencialidade de informações

* Objetivos
  * Verificar existência, coerência e utilidade dos totais de controle em relatórios e telas operacionais ou de controle de arquivos de *backup* e, também, dos arquivos de controle integrantes da lógica de sistemas.
  * Verificar o cumprimento das normas e preceitos de sigilo vigentes na organização.
* Breve descrição
  * Examinar documentos, telas e relatórios que identifiquem os operacionais e aqueles de controle com a correspondente lógica de controle instalada/praticada.
  * Identificar e entrevistar os profissionais que usam, cruzam e analisam os controles instalados (totais, registros, *backups*).
  * Obter amostras de totais, registros e relatórios de controle ao realizar testes para identificar a correção desses controles.
  * Identificar documentos, relatórios, telas, registros e informações confidenciais.
  * Avaliar os critérios de confidencialidade das normas e da cultura organizacional (se são exercidas as práticas inerentes ao controle interno).
  * Formar opinião quanto à correção, à integridade e ao sigilo de processos e informações operacionais e de controle.
  * Emitir relatório de auditoria.

- Observações
  - Identificar a cultura e o nível de sensibilidade quanto ao controle e sigilo dos profissionais da área organizacional.
  - Reciclar as normas que tratem do grau de sigilo.
  - Evitar excessos como duplicidade de controle quanto à confidencialidade de processos e de informações.
  - Identificar controles em outros níveis ou áreas organizacionais que complementem ou compensem aqueles das áreas auditadas.
  - Prestar assessoria aos profissionais auditados na melhoria dos controles, principalmente atuando com o conceito de customização ou adaptação (disseminando práticas e ideias entre as diversas áreas auditadas), por meio das recomendações aplicadas.
  - Usar estatísticas para efeito de validar a necessidade do controle vigente (quantificar permite determinar o nível de sensibilidade de processo/produto adequando o grau ou intensidade do controle necessário à confidencialidade e segurança lógica).
- Exemplos
  - Estruturar e manter o sigilo das informações e processos sensíveis (financeiros ou operacionais de natureza):
    - clientes que dão melhor margem financeira ao negócio;
    - créditos podres do negócio;
    - nível de reclamações de clientes;
    - dificuldades de caixa projetado/futuro.
  - Prezar pela coerência das informações geradas em um ciclo de processamento em comparação àquelas de ciclos anteriores.
  - Segregar funções para evitar o domínio de um conjunto de informações por somente um professional, área ou função.
  - Adotar folhas de resumo, protocolos e registros de abertura e fechamento de processamento para evitar perda de dados, erro de cálculos e inclusão de dados espúrios.

2.4 Técnicas e procedimentos que permitem contribuir com os trabalhos da auditoria

2.4.1 Técnica/procedimento 1

Nome: cumprir contratos

* Objetivos
  * Atender ao conceito de controle interno com atendimento a *stakeholders,* clientes ou fornecedores.
  * Evitar processos judiciais com o direcionamento dos esforços ao *core business.*
  * Garantir melhor atendimento à vertente governança da qualidade da sustentabilidade.
  * Analisar cláusulas de contratos da perspectiva da variável contingência, incerteza, risco (cláusula contábil-financeira e técnico-operacional).
* Breve descrição
  * Vigência de regulamentação específica para a elaboração e aceitação de contratos referentes ao processo/produto do negócio.
  * Contratos que contemplem cláusulas financeiras e, como complemento, o acordo de nível de serviços (*service level agreement* – SLA) com cláusulas técnico-operacionais.
  * Escolha dos pontos de controle, realização dos testes, obtenção de provas e recomendações conforme os objetivos do projeto de auditoria.
  * Contratos com uso de indicadores/métricas para a aferição do nível de aderência das práticas organizacionais próprias ou de terceiros, por meio de *benchmark* com notas ou pontuação para a intensidade de desempenho e de falhas apuradas, devem ser revisados.
* Observações
  * Trabalhar a visão quantitativa (indicadores/métricas e gestão do risco) e a visão qualitativa (natureza do ponto de controle; gestão do conhecimento; parâmetros da gestão/auditoria da gestão) na auditoria de contratos.
  * Acompanhar as demandas/acordos judiciais decorrentes de má elaboração de contratos ou de dificuldades quanto ao seu cumprimento.
* Exemplos
  * Cumprir cláusulas de prazo de atendimento ou verificar o valor de multas por infringir cláusulas do contrato.

* Verificar a existência de todos os recursos necessários ao atendimento das cláusulas dos contratos de sorte a antecipar possíveis demandas judiciais.
* Analisar produtos ou serviços decorrentes dos contratos, em particular a visão de *compliance* e utilidade ao contratante.

2.4.2 Técnica/procedimento 2

Nome: combater fraudes, corrupção, roubo, furto e conivência

* Objetivo
  * Focar na falha intencional agressiva a ativos tangíveis ou intangíveis, com visão preventiva, detectiva ou corretiva, e com forte reflexo na continuidade dos negócios privados ou governamentais.
* Breve descrição
  * Analisar as causas e os efeitos das fraquezas de natureza falhas da perspectiva da intencionalidade de ações danosas ao patrimônio do negócio.
  * Especular, com o olhar da razão de ser, as causas e os efeitos do desempenho muito acima da razoabilidade de eventos organizacionais no tocante à produtividade ou ao retorno financeiro.
  * Aumentar os testes de natureza *benchmark* com o uso da modelagem matemática para averiguar mudanças aceleradas de comportamento profissional ou de cultura organizacional com reflexos patrimoniais.
  * Exercer o fator surpresa e contar com delação são primordiais para a obtenção de provas de causas e de efeitos do ato danoso ao patrimônio do negócio com TI.
  * Tratar da ação dolosa sempre que exprimir uma recomendação ou apresentar uma opinião.
  * Estabelecer ressalvas, como "a auditoria foi efetuada dentro das melhores e normais práticas de verificação do conhecimento vigente", diante da possibilidade de eventos dolosos serem constantes.
* Observações
  * Fraudes são eventos inerentes a ativos intangíveis, e roubo (com violência) e furto (sem violência) são agressões a ativos tangíveis. Tanto corrupção quanto conivência ocorrem em todos os ativos.
  * A corrupção corresponde a suborno à entidade participante ou conivente com o ato doloso, e conivência implica o conhecimento e não combate à agressão ao ativo organizacional.
  * O ato doloso (fraude, corrupção, roubo, furto e conivência) é normalmente enquadrado como individual ou perpetrado por quadrilha ou pela alta administração.

Capítulo 2 Técnicas e procedimentos de auditoria

* O processo/produto da auditoria de negócio segue a sequência indício, evidência, prova – a lógica da prevenção, detecção e correção em ação.
* As agressões intencionais ao patrimônio muitas vezes vêm acompanhadas de outros atos agressivos, como chantagem, terrorismo ou espionagem.

* Exemplos
  * Verificar a lógica de destino de valores residuais de natureza milésimos ou décimo de milésimos em cálculos efetuados no processo/produto organizacional.
  * Analisar valores ou quantidades fora de limites de normalidade, com base nas análises estatísticas efetuadas.

2.4.3 Técnica/procedimento 3

Nome: gerar conhecimento

* Objetivos
  * Viabilizar o melhor conteúdo para processos decisórios com alto nível de qualidade e adequação da sistemática a cada problema/solução trabalhado(a).
  * Trabalhar as informações para melhor caracterizar as vertentes causas, fraquezas e efeitos com a melhor visualização do binômio problema/solução.
  * Alcançar a melhor lógica justificativa para a decisão adotada dentre as alternativas de solução estudadas/trabalhadas.

* Breve descrição
  * Determinar e descrever adequadamente a variável problema com:
    * criar questionário de natureza 5W2H: *who* (quem), *what* (o que), *why* (por que), *when* (quando), *where* (onde), *how* (como) e *how much* (quanto);
    * estruturar o questionário associando a visão 5W2H com causas ou efeitos;
    * complementar a análise do problema com a discussão da vertente vantagens, necessidades, restrições junto às respostas obtidas com a aplicação do questionário formado pela vertente 5W2H junto a causas e efeitos.
  * Disponibilizar o conjunto de conhecimentos inerentes ao problema vigente ou potencial como insumo dos processos decisórios para a criação e estruturação, com justificativas lógicas das prioridades, de soluções possíveis.
  * Escolher a solução com maior poder de minimizar ou eliminar o problema/falha ou maximizar o problema/desempenho.
  * Utilizar a solução de modo justificado como parte do processo decisório.
  * Criar e desenvolver um projeto com a solução escolhida.

- Observações
  - A geração de conhecimento deve ocorrer segundo os parâmetros "tempo" e "razoabilidade", tanto na escolha das questões e captação de respostas quanto nas análises para alcance das alternativas de solução com respectiva hierarquia de possibilidade de sucesso – a urgência na resolução do problema é fator vital quando se usa a técnica/o procedimento de auditoria gerar conhecimento, do binômio problema/solução.
  - A experiência/vivência dos auditores no uso desta ferramenta de auditoria é condição de importância inequívoca para o sucesso do projeto decorrente da solução assumida.
  - Esta técnica/procedimento de auditoria é vital para o bom relatório de auditoria (visão recomendação) e o bom certificado de auditoria (visão opinião).
  - Outra tecnologia para criar conhecimento está na área da tecnologia da informação de natureza *business intelligence* (BI), *competitive intelligence* (CI) ou *big data*.
- Exemplos
  - Especular quando, como, quem, por que e para que "o conteúdo de determinado arquivo foi copiado/espionado".
  - Conhecer em detalhes os motivos e as consequências de um desastre ambiental.
  - Determinar as características de um evento contingente com discussão das determinantes de sua ocorrência ou não e apuração do grau de possibilidade de sua vigência ou não – complementar com a aposta quanto à possibilidade do controle ou não das causas de sua instalação e das decorrências inerentes.

2.4.4 Técnica/procedimento 4

Nome: estimular inovação tecnológica

- Objetivo
  - Facilitar o surgimento de áreas, produtos, serviços, práticas e lógicas pioneiras.
  - Estimular os recursos humanos na busca de soluções próprias a problemas vigentes ou originais.
- Breve descrição
  - Buscar opiniões e desejos técnico-operacionais dos profissionais das várias áreas organizacionais via negociação e processo participativo.
  - Descobrir formas diferenciadas de cumprir normas e práticas organizacionais.

Capítulo 2 Técnicas e procedimentos de auditoria

* Caracterizar as situações originais/pioneiras e realizar testes e análise dos resultados dos testes, identificando vantagens e desvantagens, necessidades e restrições.
* Emitir opinião quanto à validade das práticas pioneiras e, em caso positivo, propor alteração em normas e exercício de transferência de tecnologia.

* Observações
  * A inovação tecnológica deve ser verificada mais de uma vez e aprovada por mais de um auditor, para minimizar a possibilidade de inadequações ou fracassos em futuros usos.
  * O ponto de controle referente à inovação tecnológica deve ser devidamente caracterizado em termos de:
    * ambiente empresarial;
    * recursos componentes;
    * grau de funcionalidade;
    * momento sistêmico.
  * A prova documental precisa ser suficientemente robusta/convincente para sustentar as perspectivas de sucesso com a adoção da inovação tecnológica.
  * O relatório de auditoria deve apresentar uma justificativa lógica bem fundamentada para poder recomendar o uso da inovação tecnológica, já que a não existência de situações análogas, em que o funcionamento da nova prática possa ser comprovado, dificulta o processo de negociação entre auditor e auditado.

* Exemplos
  * Criar novas práticas e resultados organizacionais ou novas abordagens para o uso de conteúdo de bancos de dados nos processos de tomada de decisão.
  * Desenvolver novos sistemas de aplicativos com o uso da computação em nuvem (*cloud computing*).

2.4.5 Técnica/procedimento 5

Nome: realizar transferência de tecnologia

* Objetivo
  * Homogeneizar/equalizar o nível tecnológico agregado a processos e resultados nas várias áreas organizacionais.
* Breve descrição
  * Correlacionar pontos de controle análogos entre áreas organizacionais, buscando apresentar recomendações que equalizem as práticas operacionais.

* Eleger pontos de controle segundo o foco de otimização empresarial, consoante os parâmetros da gestão/auditoria da gestão.

* Realizar testes para verificar a qualidade com que os procedimentos são praticados e os resultados alcançados.

* Apresentar soluções para a homogeneização tecnológica, detalhando as características operacionais, os motivos e a mecânica de implantação das práticas mais avançadas existentes em outras áreas empresariais.

* Acompanhar a institucionalização da solução e de sua efetividade e a eficácia em cada situação/ponto de controle específico.

* Focar a produtividade organizacional como objetivo central para a transferência de tecnologia.

* Apurar o nível de absorção de novas tecnologias pelas áreas receptoras e compará-lo, por indicadores/métricas, com a força da mudança efetivada.

* Observações

* Um dos vetores para justificar a existência da atividade de auditoria é a característica de ela ocorrer em todos os ambientes e tecnologias organizacionais, servindo como um aprendizado constante e permitindo que o auditor seja um termômetro das práticas e dos resultados vivenciados pela empresa.

* Não cabe ao auditor implantar novas tecnologias, mas referenciar, explicar, especificar e comprovar onde, como e por que uma prática ou resultado é considerado melhor do que outro.

* Exemplos

* "Casar" fluxo de trabalho com o *layout* físico empresarial.

* Sugerir novas utilidades para o conteúdo de bancos de dados ou relatórios.

* Realizar *benchmark* de processo/produto entre eventos ou áreas organizacionais, linhas de negócios ou de serviços e sistemas de informações.

2.5 Técnicas e procedimentos aplicados na auditoria de gestão

Nome: montar cenários

* Objetivo

* Estabelecer parâmetros caracterizadores de situações futuras empresariais, em nível de:

  • linhas de negócios – situação macro e microeconômica do segmento de atuação da organização; relacionamento da entidade com clientes,

Capítulo 2 Técnicas e procedimentos de auditoria

101

fornecedores, governo, agentes de financiamento e as pessoas em geral (visão *stakeholders*);

- linhas de produtos – tecnologia a ser empregada; natureza dos recursos de que dependerá a produção/operacionalização dos bens; insumos necessários à elaboração dos produtos/bens e características a serem atendidas pelos produtos/bens;
- linhas de serviços – tipo e forma do apoio a ser dado aos negócios e à produção e natureza dos clientes que serão usuários dos serviços prestados.

É importante destacar que um serviço pode ser o apoio dado ao desenvolvimento e à elaboração de um produto ou pode ser o próprio produto quando destinado ao consumidor final, dependendo da característica técnico-operacional da entidade objeto de auditagem.

- Breve descrição
  - Ler o plano estratégico e o plano diretor anual da organização com caracterização de proposição de novos produtos, investimentos e expansões.
  - Identificar e analisar cenários criados pelas áreas empresariais.
  - Determinar situações, produtos e propostas que garantam a continuidade operacional da organização.
  - Desenvolver raciocínio lógico quanto à viabilidade/possibilidade de ocorrência dos cenários criados, inclusive quanto à integridade dos parâmetros caracterizadores de situações futuras empresariais.
  - Apostar na futura vertente contingência, incerteza, risco quanto ao seu impacto na trajetória e no cenário futuro delineado.
  - Formar opinião quanto à possibilidade de ocorrência do cenário futuro com apresentação de alternativas e ênfase em aspectos/fatores críticos para o alcance do cenário almejado.
  - Emitir relatório de auditoria com as conclusões e recomendações obtidas.
  - Realizar auditoria de acompanhamento intermitente via:
    - verificação e ajuste de tendências dos parâmetros caracterizadores do cenário estabelecido (visão viagem virtual no espaço-tempo gestional);
    - reciclagem do processo de montagem de cenários com a estruturação de cenários intermediários (visão engenharia reversa de resultados/cenários simulados paralelos com planos alternativos de ação).
- Observações
  - Os cenários devem ser estruturados em ciclos homogêneos com maior nitidez/detalhamento do curto prazo e somente diretrizes ou linhas gerais no longo prazo.

* Os parâmetros caracterizadores dos cenários devem ser quantificados em termos de possibilidade de ocorrência e confrontados e discutidos em termos de causas e efeitos de sua ocorrência ou não em situações anteriores (visão de risco).

* Os cenários devem ser testados em termos de argumentação/sequência lógica consoante a efetividade e eficácia de alcance dos objetivos delineados e correção das premissas segundo as quais são estruturados.

* Os cenários futuros esperados podem ou não acontecer de forma favorável ao posicionamento no mercado do amanhã da entidade e podem ou não ser controláveis (visão evento contingente).

• Exemplos

* Volume de vendas global ou por região de determinado produto apostado a cada momento futuro de seu ciclo de vida.

* Mapeamento geográfico ou setorial, por extrato social dos consumidores reais ou potenciais, dos produtos/serviços da organização no amanhã.

* Destaque para ações de entidades governamentais ou civis no tocante a mudanças de hábitos, projetos de desenvolvimento e transformações culturais.

* Inovações e transferências tecnológicas, mudanças no perfil técnico-operacional da organização.

2.5.1 Técnica/procedimento 1

Nome: desenvolver simulações

• Objetivo

* Especular, desenvolver alternativas e ampliar o campo de análise de auditagem em realização.

* Focar no horizonte presente e futuro com uso da lógica correspondente às variáveis de natureza não recorrência ou acaso.

* Atentar ao fato de que esta técnica tem, como principal dificuldade, o tempo de auditagem disponível a cada projeto/trabalho de auditoria realizado.

* Manter o foco nos principais momentos da mecânica de auditoria:

  • caracterização do ponto de controle;

  • enfoque do parâmetro da gestão/auditoria da gestão ao qual o ponto de controle será submetido;

  • tipo e procedimentos de aplicação da técnica de auditoria a cada ponto de controle verificado e validado;

  • apresentação de sugestão/recomendação e de estrutura para sua institucionalização.

Capítulo 2 Técnicas e procedimentos de auditoria

103

- Breve descrição
  - ✳ Mapear o ponto de controle e trabalhar o enfoque do parâmetro da gestão/ auditoria da gestão, do tipo e dos procedimentos de aplicação da técnica de auditoria e da sugestão/recomendação apresentada.
  - ✳ Estudar recomendações análogas recorrendo a sistemas especialistas de auditoria, ou à própria experiência, ou ainda, via consulta a outros auditores e projetos similares.
  - ✳ Registrar as simulações realizadas em papéis de trabalho e bancos de dados de auditoria, com especificação das razões de poda de opções e de escolha da alternativa usada no trabalho de auditoria.
  - ✳ Apresentar aos auditados, à chefia e à equipe de auditoria o escopo das simulações realizadas.
- Observações
  - ✳ Simular implica tratar "não recorrência" e "acaso" quando se estabelecem novas hipóteses para a realização dos trabalhos de auditoria – "não recorrência" no sentido da não ocorrência de transações, registros, operações do horizonte passado e presente e "acaso" na ocorrência de novas transações, registros, operações no amanhã do ambiente auditado, os quais não tenham correlação com as transações do horizonte passado e presente.
  - ✳ Sistematizar a técnica/procedimento de auditoria e desenvolver simulações são fundamentais para maximizar o desempenho dos trabalhos/projetos de auditoria.
  - ✳ Simular outros momentos do processo/produto operacional ou da gestão é mais frequente quando se tratam das opções customização/adaptação e inovação, ou seja, depende da natureza dos projetos de auditoria, dentre as quais destacamos:
    - auditoria de conflitos;
    - auditoria de fraudes;
    - auditoria base zero;
    - auditoria da previsibilidade patrimonial;
    - auditoria de estresse organizacional.
  - ✳ Trabalhar a vertente contingência, incerteza, risco também é prática normal na auditoria com a técnica ou procedimento desenvolver/realizar simulações.
  - ✳ Vetores importantes para operacionalizar esta técnica são:
    - prazo/tempo para realizar a auditoria;
    - volume de registros a tratar para realizar adequada simulação;
    - extensão do conteúdo do registro simulado;

- intensidade ou quantidade de situações/pontos de controle objeto de atividades de simulação;
- nível de conhecimento do ambiente auditado necessário para usar a técnica desenvolver/realizar simulação.
- disponibilidade de recursos – auditores especializados, *software* para apoio aos trabalhos de simulação.

* Simular recomendações de auditoria atentando-se ao fato de que os seguintes vetores devem ser considerados:

- nível de impacto no maximizar desempenho ou minimizar falha inerente a cada simulação feita;
- tempo e custo para implantação e operacionalização;
- grau de adequação a causas e efeitos associados ao ponto de controle;
- nível de capacidade de assimilação por área, linha de negócio ou de serviços, sistema de informação objeto de auditoria;
- qualidade intrínseca à simulação da recomendação efetivada.

* Considerar a simulação consoante o risco da fraqueza, o benefício estimado da recomendação e o nível de sensibilidade da opinião.

- Exemplos
  * Realizar as simulações nos momentos de:
  - escolher os pontos de controle;
  - aplicar as técnicas de auditoria;
  - ofertar recomendações.

  * Definir a técnica de auditoria a usar face às características do momento histórico futuro organizacional e do ambiente em que a auditoria é realizada.

  * Identificar fatores críticos para viabilidade, sucesso e recomendação futura ao ponto de controle referenciado.

  * Simular foco de auditagem consoante a combinação dos parâmetros da gestão/auditoria da gestão a cada ponto de controle trabalhado no horizonte do amanhã.

2.5.2 Técnica/procedimento 2

Nome: identificar tendências

- Objetivo
  * Detectar as orientações, ditadas pelos ambientes externo organizacional (comunidade e clientes) e interno (alta administração, executivos, especialistas,

pesquisadores), em termos formais ou informais, latentes ou explicitados, do que serão e que tecnologia usarão as áreas organizacionais, as linhas de negócios/de prestação de serviços, os sistemas de informações no horizonte presente e futuro da entidade.

* Breve descrição
  * Captar, com uso de palavras-chave técnicas de dicionarização, administração de dados e gerência de bancos de dados, os caminhos prováveis que as áreas organizacionais, linhas de negócio/de serviços e sistemas de informações terão, em termos de formas de cumprimento de processos (tecnologias a aplicar) e de estrutura, conteúdo de produtos, resultados (como serão compostos e apresentados aos consumidores).
  * Analisar o risco das tendências, para hierarquizá-las, via determinação de seus FCS e respectivos pontos de falha (*single point of failure* – Spof), com a declaração dos parâmetros de sensibilidade (justificativas de causas e de efeitos das escolhas feitas) e determinação do nível de tolerância (faixas ou limites em que a validade das escolhas se justifica).
  * Caracterizar tendências flagradas a partir dos pontos de controle de natureza tendências organizacionais e seus subconjuntos, com a determinação dos recursos humanos, materiais, tecnológicos e financeiros que as configuram.
  * Estudar as tendências identificadas em termos dos parâmetros da gestão/auditoria da gestão no sentido de emitir opinião quanto à validade e possibilidade de sua ocorrência.
  * Realizar testes e consequente apuração de resultados da integridade e consistência das tendências com o uso das técnicas de auditoria aplicáveis.
  * Formar e emitir opinião, via produto final da auditoria, com base nos estudos e na análise dos resultados dos testes de validade efetuados.
  * Realizar auditoria de acompanhamento para confirmar a concretização das tendências avaliadas.
* Observações
  * É crucial o momento inicial de aplicação da técnica de identificar tendências em um universo amplo, face aos inúmeros indícios, ideias e expectativas que afloram no ambiente empresarial.
  * Há necessidade de se reunirem conjuntos ou famílias de indícios, ideias e expectativas via regras, lógicas e empatias solidárias que garantam consistência às tendências objeto de estudo, em particular nos seus estágios iniciais.
  * Dada a rapidez da evolução tecnológica e econômica do mercado, a obsolescência (programada ou não), o espírito empreendedor e pioneiro e a decisão de assumir riscos dos agentes econômicos, a identificação de tendências deve

ser auditada segundo ciclos de avaliação curtos e de característica intermitente em função do afloramento da consistência dos indícios vigentes.

* Na realidade, o uso da técnica identificação de tendências pela auditoria interna é contínuo, em rápidos ciclos de auditagem, quando há convicção do auditor da integridade de novos indícios, ideias e expectativas.

* O exercício de espionagem é atividade crítica tanto para produtores de novas tendências quanto para os consumidores e deve ser objeto de verificação nos trabalhos/projetos de auditoria com a componente identificar tendências.

* Exemplos

* Mudanças de comportamentos, gostos, consumo dos clientes e da população em geral.

* Advento de novas tecnologias, práticas, descobertas para o exercício do processo/produto organizacional.

* Esforços concentrados de novos grupos/agentes econômicos e sociais, implicando a mudança das tendências do mercado/sociedade.

* Descobertas inusitadas de novos horizontes do processo/produto organizacional por inovação ou customização inerente à necessidade humana de progresso, de novas ideias.

* Ataques disruptivos de novos *players* do mercado.

* Desfecho positivo de ciclos de pesquisa.

* Obsolescência tecnológica programada.

* Novos projetos em desenvolvimento na área de engenharia do produto.

* Planejamento estratégico com novas abordagens para novos ou futuros problemas.

* Integração do projeto de auditoria com outros em andamento, por exemplo, auditoria na engenharia do produto com auditoria na área de *marketing* ou vendas.

2.5.3 Técnica/procedimento 3

Nome: efetuar projeções

* Objetivo

* Identificar situação organizacional, de área empresarial ou de sistemas de informações, no horizonte presente e futuro, considerando a ocorrência de eventos ou transações similares aos ocorridos no horizonte passado e presente.

Capítulo 2 Técnicas e procedimentos de auditoria

* Breve descrição
  * Identificar as estratégias e os projetos do negócio relacionados ao período objeto de auditoria operacional e de gestão – a visão das mudanças e seus impactos no amanhã organizacional.
  * Eliminar dos modelos de projeção as transações efetivamente identificadas como de não ocorrência no horizonte presente e futuro do negócio – o plano estratégico como norte.
  * Especular causas e efeitos e vantagens, necessidades e restrições das transações não recorrentes.
  * Realizar as adequações nas projeções diante de não recorrências.
  * Coletar e analisar provas de não recorrência.
  * Apresentar recomendações quanto à nova não recorrência ou inclusão de transações anteriormente escoimadas.
  * Explicitar nas notas explicativas a natureza e a origem da não recorrência para facilidade de análise do relatório de auditoria e melhor entendimento da opinião declarada.
  * Considerar na auditoria de acompanhamento a ideia da não recorrência.
* Observações
  * Diante da intensidade e rapidez das mudanças, é preciso trabalhar transações operacionais e de controle nos diversos níveis organizacionais, para que decisões erradas sejam minimizadas diante da não recorrência.
  * É preciso inserir nos registros transacionais gravados em bancos de dados campos com os *status* "recorrente", "não recorrente", "acaso".
  * Deve-se efetuar análises baseadas em *benchmark,* tendo em mente a não recorrência.
* Exemplos
  * Projetar Ebtida como forma de eliminar "não recorrência".
  * Trabalhar receita considerando linhas de produção ou filiais ou áreas organizacionais encerradas.

2.5.4 Técnica/procedimento 4

Nome: avaliar pesquisas

* Objetivo
  * Opinar quanto à possibilidade de sucesso e do nível de interesse das pesquisas propostas e acompanhar o cumprimento de cronograma físico e financeiro e de alcance de metas parciais ou da meta final.

* Assessorar a sequência dos procedimentos de pesquisa, buscando discutir alternativas para garantir a objetividade e o sucesso da pesquisa em curso.
* Breve descrição
  * Identificar natureza, objetivos, justificativas econômico-financeiras das pesquisas propostas ou em realização.
  * Buscar a convergência entre as pesquisas e os planos estratégicos e táticos organizacionais.
  * Correlacionar a sistemática dos projetos de pesquisa objeto de auditoria com outros em andamento, realizados ou planejados.
  * Gerar pontos de controle do tipo:
    * contratos realizados com terceiros;
    * plano de pesquisa;
    * sinergia entre pesquisas;
    * nível de empatia ou aplicabilidade dos resultados das pesquisas com cenários futuros organizacionais.
  * Acompanhar resultados parciais e evolução das pesquisas em desenvolvimento.
  * Formar opinião e emitir relatórios parcial e final dos resultados alcançados nas pesquisas realizadas.
  * Apurar margens de contribuição propiciadas pelas pesquisas ao *mix* de linhas de negócio/de serviços da organização.
* Observações
  * A quantidade de recursos disponíveis normalmente é insuficiente para atender ao número de solicitações para a realização de pesquisas, portanto, é capital o acompanhamento, pela auditoria, do cumprimento das premissas que priorizaram cada pesquisa, ou seja, verificar se foram concretizadas ao longo e ao término dos projetos.
  * A qualidade e adequação dos recursos humanos ao foco das pesquisas, a cada momento histórico de seu desenvolvimento, é outro ponto de controle prioritário nas auditorias efetuadas.
  * Orçamentos de projetos de pesquisa oscilam, e a aceleração ou o retardamento da evolução da pesquisa devem ser objeto de estrito acompanhamento nos trabalhos de auditoria.
* Exemplos
  * Pesquisa de mercado.
  * Pesquisa da imagem empresarial.
  * Pesquisa de novos produtos desejados por clientes/consumidores.

- Pesquisa como resultado de aposta empresarial nos novos produtos ou serviços evolutivos da sociedade.
- Pesquisa/sondagens para a tomada de decisão quanto a caminhos alternativos para os negócios.
- Acompanhamento de sequências de pesquisas para identificar tendências.

2.5.5 Técnica/procedimento 5

Nome: estressar estratégias

- Objetivos
  - Especular e discutir a viabilidade das estratégias com a busca das justificativas administrativas, financeiras, técnicas e operacionais referentes à realidade de projetos de natureza decisão – mudança estratégica ou recomendação – e mudança estratégica.
  - Realizar *benchmark* entre estratégias e correspondentes projetos de mudança, ou seja, analisar no espaço/tempo organizacional a sintonia entre estratégia e projetos para maximizar desempenho ou minimizar falhas.
  - Estressar a capacidade tecnológica de recursos humanos investidos de atribuições para fazer ocorrer a variável estratégia, projeto no contexto da variável cultura organizacional *versus* comportamento profissional.
- Breve descrição
  - Conhecer a metodologia para a definição das estratégias organizacionais, particularmente, quanto aos requisitos definidos para os respectivos projetos.
  - Testar, provar, recomendar e opinar quanto à qualidade do plano estratégico como instrumento para alavancar o processo de mudança organizacional.
  - Analisar os possíveis limites para a instalação das estratégias, no particular, com base na sintonia entre requisitos estratégicos e especificações de projetos.
  - Debater com os acionistas e a alta administração as razões de sucesso da variável estratégia, projeto.
  - Emitir relatório de auditoria e certificado de auditoria estratégica.
  - Realizar auditoria de acompanhamento estratégico com foco nas variáveis causas, efeitos e vantagens, necessidades, restrições.
- Observações
  - A sintonia do conhecimento externo organizacional com as disponibilidades de recursos internos ou viabilidade de obtenção de recursos de terceiros para o sucesso do plano estratégico é vital.

* Quando há estratégias pioneiras, é maior a necessidade de análise e validação das variáveis:
  * decisão – mudança estratégica;
  * recomendação – mudança estratégica;
  * estratégia/projeto;
  * vantagens, necessidades, restrições estratégicas;
  * cultura organizacional *versus* comportamento profissional na dimensão estratégica.
* Exemplos
  * Monitorar a aplicação da TI – conteúdo de bancos de dados; *softwares* aplicativos estratégicos; uso da internet para a captação de informações estratégicas do mercado e da sociedade – como base para justificar as estratégias definidas.
  * Verificar as análises de natureza competências internas do negócio ou obter conhecimento no contato com terceiros para viabilizar as estratégias do negócio determinadas.

2.5.6 Técnica/procedimento 6

Nome: acompanhar o planejamento

* Objetivo
  * Apoiar, sugerir e discutir a mecânica de estruturação do futuro organizacional pretendido, em termos de:
    * planejamento estratégico e tático/projetos;
    * lançamento de novos produtos ou serviços;
    * metas desejadas;
    * padrões a seguir;
    * etapas a cumprir;
    * formas, alternativas e atalhos operacionais para o alcance dos cenários estabelecidos.
  * Verificar o *feedback/action* do ciclo administrativo, ciclo PDCA anterior – impacto no planejamento.
* Breve descrição
  * Entender e estudar áreas de planejamento organizacional, novos produtos, centros de pesquisa vigentes, convivendo nelas.

Capítulo 2 Técnicas e procedimentos de auditoria

111

* Gerar conhecimento do ciclo de vida do negócio (engenharia do produto, engenharia do processo, especificação do processo).
* Determinar pontos de controle em termos de:
  * métodos de trabalho;
  * justificativas de prioridade e enfoques dados;
  * formatação e composição final de planos e novos produtos;
  * consistência e integridade de metas e novos padrões;
  * justificativas lógicas de formas, alternativas e atalhos operacionais.
* Detalhar e caracterizar o momento da auditoria:
  * ponto de controle: linha de negócios/produtos/serviços a que se integra ou diz respeito; funções empresariais envolvidas no planejamento empresarial; recursos envolvidos/momento da dinâmica empresarial a que se refere, risco inerente, prioridade desejada, técnicas de auditagem adequadas, procedimentos de verificação a serem seguidos, testes realizados;
  * técnica de auditoria: cronograma a atender;
  * recomendação: monitorar o impacto da recomendação no *upgrade* do evento organizacional objeto de auditoria.
* Analisar os resultados dos testes e formalizar opinião quanto à qualidade, integridade e possibilidade de operacionalizar processo/produto de planejamento da auditoria.
* Emitir relatórios parciais ou finais de auditoria do planejamento objeto de acompanhamento.
* Negociar e estabelecer compromissos de redirecionamento/verificações intermitentes na sequência da auditoria de acompanhamento de planejamento objeto de realização.
* Aplicar questionários/*checklists* de autorrevisão da qualidade da auditoria de acompanhamento do planejamento da auditoria.
* Observações
  * Planejamento sem controle é desperdício de esforço e, portanto, devem ser estabelecidos prazos para os ciclos administrativos – planejamento, execução, controle, *feedback* –, de sorte que o *feedback* organizacional seja realizado com o concomitante municiamento do processo de auditoria de acompanhamento, via sensibilização dos auditores e de toda a organização quanto à qualidade do planejamento (processo/produto) realizado.
  * Na realidade, a macrodefinição de auditoria é revisão, avaliação com recomendação e emissão de opinião quanto ao ciclo administrativo (planejamento,

execução, controle) conforme os níveis organizacionais (estratégico, tático, operacional).

* O uso dos desvios – positivos ou negativos – identificados pelo controle é decisivo para a otimização das análises futuras de acompanhamento do planejamento a realizar.

* Algumas questões de *checklists* de autorrevisão da qualidade da auditoria de acompanhamento do planejamento são:

  • Os desvios – planejamento *versus* execução – apurados, como consequência dos controles realizados, em ciclos administrativos anteriores, foram considerados na presente auditoria de acompanhamento do planejamento?

  • O auditor analisou se as metas guardam correlação lógica com os dados do planejamento e se os cálculos realizados garantem a integridade das metas com esses mesmos dados trabalhados?

  • O auditor usou a técnica de simulação para discutir a validade da argumentação e do processo justificativo do lançamento de novos produtos e das correspondentes metas estabelecidas?

• Exemplos

* Planejar lançamento de novos produtos.

* Elaborar plano diretor anual da organização, setorial ou regional.

* Atualizar plano estratégico organizacional.

2.6 Técnicas e procedimentos aplicados na conclusão da auditoria

2.6.1 Técnica/procedimento1

Nome: emitir opinião

• Objetivo

* Apresentar uma avaliação única do conjunto de pontos de controle validados a cada projeto de auditoria e conforme escala de:

  • avaliação negativa;

  • avaliação com ressalvas;

  • avaliação positiva.

Capítulo 2 Técnicas e procedimentos de auditoria

* Visar ao maior grau de convicção quanto à continuidade do negócio com base na metodologia de auditoria aplicada ao projeto e segundo a tecnologia de auditoria a ela incorporada.
* Dar maior certeza aos processos decisórios exercidos por *stakeholders* consoante os momentos da auditoria:
  * natureza da auditoria – auditoria de conflitos, auditoria de fraudes, auditoria base zero, auditoria da previsibilidade patrimonial, auditoria de estresse organizacional;
  * tópicos especiais de auditoria – auditoria da teoria da agência, auditoria estratégica, auditoria de projetos, auditoria da governança, auditoria do risco, auditoria da terceirização, auditoria governamental.
* Enfatizar e esclarecer, nas notas explicativas, os pontos de controle mais representativos da opinião formada, respectivas vertentes causas, fraquezas, efeitos e conclusões mais relevantes e com maior impacto na nota de avaliação aplicada ao projeto de auditoria.
* Robustecer processos decisórios com base na opinião consolidada por relatórios de auditoria (recomendações aplicadas).

* Breve descrição
  * Analisar os pontos de controle validados com ênfase nas conclusões alcançadas e no respectivo dimensionamento da gravidade ou capacidade de desestabilizar negativamente o processo/produto organizacional.
  * Confrontar a análise dos pontos de controle atual com outras anteriormente efetuadas para estabelecer grau/nota em escala de avaliação.
  * Verificar as contra-argumentações dos auditados para justificar as fraquezas flagradas.
  * Elaborar o certificado de auditoria e correspondentes notas explicativas para facilidade de leitura e consumo de seu conteúdo.
  * Assinar, emitir e comunicar o conteúdo do certificado de auditoria a auditados e *stakeholders*.

* Observações
  * Considerar a elaboração de projeto de recomendação/mudança e acompanhar seu desenvolvimento são importantes para a elaboração de notas explicativas de auditoria e emissão de novos certificados de auditoria de acompanhamento das soluções pelo binômio auditor/auditado propostas.
  * Referenciar, por meio do certificado de auditoria, o relatório de auditoria com o qual está sintonizado para facilitar a leitura por *stakeholders* – relatório de auditoria e certificado de auditoria são duas peças irmãs finais de auditoria.

* Referenciar, no corpo do certificado de auditoria, a metodologia de auditoria praticada, se contempla e se é exercida na perspectiva de metodologia de gestão organizacional associada à gestão de risco e de plano de contingências.
* Ter a assinatura do gerente de projeto e do responsável pela área de auditoria é fundamental para as devidas responsabilidades e créditos quanto às mudanças provocadas por recomendação – mudança.

- Exemplo
  * A Figura 1.4 apresenta uma forma para elaborar e gerar conteúdo para certificado de auditoria da gestão ou da operação do negócio privado ou público quando da auditoria de conflitos nos negócios privados ou governamentais.

2.6.2 Técnica/procedimento 2

Nome: dar recomendação

- Objetivos
  * Contribuir para o processo de mudança organizacional para minimizar falhas ou maximizar desempenho de um evento organizacional – ponto de controle inerente a processo/produto do negócio privado ou governamental.
  * Buscar a melhoria funcional dos recursos alocados ao processo/produto organizacional.
  * Encerrar, juntamente com emissão de opinião, o núcleo duro da auditoria com proposição para mudança do ambiente operacional ou da gestão do negócio com TI.
- Breve descrição
  * Identificar, analisar e estabelecer alternativas direcionadas a causas ou a efeitos – a lógica é evitar futura possibilidade de ocorrência das causas e enfrentar os efeitos vigentes ou futuros de fraqueza igual ou análoga da vertente causas, fraquezas, efeitos (fraqueza flagrada/comprovada ou possível/factível).
  * Debater as recomendações e a correspondente vertente causas, fraquezas, efeitos com os auditados a fim de elaborar o relatório de auditoria (vide Figuras 1.5 e 1.6 no **Capítulo 1**).
  * Elaborar, emitir e encaminhar o relatório de auditoria aos auditados.
  * Defender e obter aprovação, pelos auditados, do conteúdo do relatório de auditoria com o início da auditoria de acompanhamento via estruturação, desenvolvimento e instalação de projeto de recomendação – mudança.
- Observações
  * O debate lógico e com argumentos para o alcance de aprovação pelos auditados das recomendações propostas é o momento central para a aferição da qualidade do projeto de auditoria realizado.

Capítulo 2 — Técnicas e procedimentos de auditoria

* A não aprovação das recomendações propostas pode ser decorrente da apresentação de soluções alternativas pelo auditado.

* Novas auditorias devem ser realizadas para constatar a efetividade e eficácia das recomendações apresentadas pelo auditor ou de soluções alternativas elaboradas pelos auditados.

* A sequência de confrontações recomendações *versus* alternativas dos auditados para a resolução do problema fraqueza determinará a qualidade da decisão final adotada a cada exercício do núcleo duro do projeto de auditoria – a qualidade dos trabalhos de auditoria no foco.

* Vantagens, necessidades e restrições devem ser assuntos objeto de debate, quando houver venda da recomendação ao auditado.

* Trabalhar recomendações disruptivas é o momento da auditoria do negócio com TI.

• Exemplos

* Propor a informatização de atividades/tarefas feitas manualmente no processo/produto organizacional.

* Recomendar rotinas e informações de controle para efeito de maior segurança lógica ou defesa da confidencialidade do processo/produto do negócio privado ou governamental.

* Apresentar recomendação-causa ou recomendação-efeito para o descumprimento do controle interno organizacional (legislação ou regulamentações não atendidas).

* Diminuir custos dos recursos inerentes a processo ou produto atual ou futuro.

* Discutir recomendações de natureza customização – adaptação (oriundas de processos/produtos outros, ou seja, diferentes daquele objeto da auditoria específica), ou inovação (arbitrados pelo auditor como decorrência de seu trabalho/projeto de auditoria).

2.6.3 Técnica/procedimento 3

Nome: acompanhar recomendação

• Objetivos

* Ter certeza das consequências advindas da implantação da recomendação – mudança com apuração via indicadores de desempenho ou de falha e resolução de causas e efeitos da fraqueza e subsequente real contribuição do projeto de auditoria para a continuidade operacional do negócio objeto de auditoria.

- Realizar auditoria de projeto recomendação – mudança com aplicação da tecnologia inerente ao tópico especial de auditoria referenciado no item 1.6.3, do **Capítulo 1**.
- Apresentar recomendações de ajuste diante da auditoria de risco efetuada com a tecnologia referida no item 1.6.5, do **Capítulo 1**, na aplicação da técnica de acompanhar recomendação.

- Breve descrição
  - Verificar a sintonia entre requisitos e especificações do projeto recomendação – mudança, a estrutura do protótipo construído, os testes e a instalação da recomendação – mudança efetuada pela área auditada – visão da auditoria de projetos.
  - Manter reuniões com a equipe de desenvolvimento do projeto recomendação – mudança para conhecer a real situação do detalhamento e da instalação da recomendação aceita pelo auditado –, características das especificações em ação.
  - Documentar as situações inerentes à vertente contingência, incerteza, risco de ocorrência no projeto com especificação do nível e natureza do impacto na solução em desenvolvimento.
  - Emitir relatórios de auditoria e certificado de auditoria complementar à medida da ocorrência de eventos contingentes.

- Observações
  - Acompanhar a recomendação é fundamental como ferramenta de aprendizado para futuras auditorias, assim como para efeito da gestão da atividade de auditoria.
  - Dimensionar prazos, tarefas e necessidade de recursos é decisivo para a auditoria de acompanhamento da recomendação – a tecnologia de auditoria de projeto é fundamental para a governança da qualidade da sustentabilidade.

- Exemplo
  - Acompanhar o desenvolvimento e a implantação de novos controles lógicos propostos e aceitos para o processo/produto de sistemas de informações.

Referências

BERNSTEIN, P. *Desafio aos deuses*. A fascinante história do risco. Rio de Janeiro: Campus, 1996.

GIL, A. L. *Gestão da qualidade empresarial*. Lisboa: Publicações Europa-América, 2010.

_____. *Microempresa*: gestão inovadora e direito. Rio de Janeiro: Ágora, 2015.

GIL, A. L.; ARIMA, C. H.; NAKAMURA, W. T. *Gestão*: controle interno, risco e auditoria. São Paulo: Saraiva, 2013.

GIL, A. L.; ARNOSTI, J. C. *Balanço intelectual*. São Paulo: Saraiva, 2007.

GIL, A. L.; BIANCOLINO, C. A.; BORGES, T. N. *Sistemas de informações contábeis*. São Paulo: Saraiva, 2011.

GIL, A. L. et al. *Gestão de tributos na empresa moderna*. São Paulo: Senac, 2011.

GIL, A. L.; GALVÃO, P. R.; OLIVEIRA JUNIOR, R. *Gestão pública municipal de alto desempenho*. Curitiba: Juruá, 2016.

capítulo

3

Controle interno e auditoria operacional e de sistemas

3.1 Introdução

A auditoria como função de apoio ao desenvolvimento de negócios de qualquer entidade é aplicada nas diversas organizações, com a preocupação de dar maior confiabilidade e segurança à realização das atividades empresariais.

O órgão de uma organização que desempenha esse papel de suporte tem sido a auditoria interna, lembrando que a auditoria externa tem contribuído para dar maior credibilidade à prosperidade das organizações.

Isso faz com que a responsabilidade de manutenção dessa função seja proporcionada pela alta administração da empresa.

O presente capítulo apresenta os conceitos em que a auditoria se apoia para o desenvolvimento das suas atividades de suporte, tanto no âmbito de processos operacionais e de controle quanto no de resultados dos negócios da empresa. Essas atividades correspondem à auditoria operacional e de sistemas, que tem por objetivos revisar e avaliar os controles internos de determinada organização.

3.2 Controle interno

Todos os processos, de qualquer tipo, de sistemas estão sujeitos a falhas, erros e mau uso de recursos em geral. O avanço tecnológico, agregado à grande capacidade da mente humana, tem proporcionado grandes realizações de negócios empresariais, porém, não é infalível.

Em face da existência desse risco, administradores e proprietários de pequenas, médias e grandes empresas devem ter interesse comum pela manutenção da integridade de processos e resultados dos sistemas, bem como das pessoas envolvidas no ambiente de tecnologia da informação (TI).

O sistema de informação é um grande e valioso recurso para a organização. Para que ele seja utilizado da melhor forma possível e esteja protegido contra eventuais atos de violação e sinistros, é necessário que os controles sejam considerados desde a fase de sua concepção.

Os controles são ferramentas que podem estar integradas, ou não, a determinado sistema de informação aplicativo, visando à obtenção de proteção contra as ameaças presentes ou potenciais no ambiente da organização.

A eficácia e a garantia de funcionamento desses controles decorrem da revisão e avaliação periódica de controle interno, que, por sua vez, pode ser o resultado do trabalho adequado de auditoria nos âmbitos operacional e de sistemas.

Em 1949, o Instituto Americano dos Contadores Públicos Certificados (AICPA),[1] por meio do Relatório Especial da Comissão de Procedimentos de Auditoria, apresentou a definição do controle interno como sendo: "plano de organização e todos os métodos e medidas coordenados, aplicados em uma empresa, a fim de proteger seus bens, conferir a exatidão e a fidelidade de seus dados contábeis, promover a eficiência e estimular a obediência às diretrizes administrativas estabelecidas pela gestão".[2]

Mais tarde, em 1992, o *Committee of Sponsoring Organizations of the Treadway Commission* (Coso), comissão que assessora a *Security and Exchange Commission* (SEC), que corresponde à Comissão de Valores Mobiliários (CVM) no Brasil, publicou o *Internal Control – Integrated Framework*. O Coso é o *framework* para a avaliação dos controles internos de maior aceitação nos Estados Unidos e constitui um modelo de controle que se deve passar por um processo de adaptação às particularidades de cada organização, de forma que resulte numa metodologia de avaliação do controle interno.[3] As diretrizes do Coso definem controle interno como um processo aplicado pela alta administração e demais pessoas da empresa, tais como conselho de administração, administradores, empregados etc., que oferece razoável segurança para alcançar os objetivos de negócios.

Essas definições identificam a principal estrutura do ciclo gerencial em termos de planejamento, execução e controle, relacionando uma diversidade de meios à disposição de alta administração para a devida aplicação das funções gerenciais da organização.

---

[1] Em inglês, *American Institute of Certified Public Accountants*.

[2] AUDITING STANDARDS EXECUTIVE COMMITTEE. *Statement on auditing standards, n. 1; codification of auditing standards & procedures*. New York: American Institute of Certified Public Accountants, 1973. par. 320.09.

[3] DELOITTE TOUCHE TOHMATSU. *Lei Sarbanes-Oxley:* guia para melhorar a governança corporativa através de eficazes controles internos. São Paulo: Deloitte, 2003.

Capítulo 3 Controle interno e auditoria operacional e de sistemas

Analisando a extensão dessa definição, verifica-se a existência dos seguintes itens, aos quais o controle deve atender:

* proteger os bens;
* conferir a exatidão e a fidelidade dos dados contábeis;
* promover a eficiência operacional;
* estimular a obediência às diretrizes administrativas estabelecidas.

Tais itens possibilitam a determinação de diversos parâmetros de controle interno, permitindo o estabelecimento dos objetivos de desenvolvimento do trabalho da auditoria operacional e de sistemas.

3.3 Controle interno e seu relacionamento com a área de auditoria

Conforme a natureza das especificações dos itens da definição de controle interno, e para permitir uma melhor identificação dos seus parâmetros, pode-se classificá-lo em dois subconjuntos:

* controle interno contábil;
* controle interno administrativo.

Essa divisão permite estabelecer os objetivos e as responsabilidades na área entre as auditorias externa e interna. Diante da necessidade de apresentar o parecer das demonstrações contábeis, a auditoria externa aborda, com mais ênfase, o controle interno contábil, enquanto a interna se preocupa mais com o controle interno administrativo. Porém, nada impede de uma das áreas realizar exames de forma integrada sob as outras óticas a fim de complementar o trabalho de auditoria como um todo.

Para facilitar o estabelecimento de objetivos e a fixação de critérios a serem utilizados pela auditoria, aplicamos o conceito em função das especificações e dos parâmetros componentes do controle interno e com as devidas adaptações para o nosso modelo de auditoria de sistemas. O Quadro 3.1 apresenta a classificação dos parâmetros de controle interno como contábil e administrativo, adequados às necessidades e aos requisitos da concepção de um sistema de informação.

Quadro 3.1 Classificação dos parâmetros de controle interno

CONTROLE INTERNO	
Contábil	**Administrativo**
1. Fidelidade da informação em relação aos dados	1. Eficácia
2. Segurança física	2. Eficiência
3. Segurança lógica	3. Disponibilidade
4. Integridade	4. Obediência às diretrizes administrativas
5. Confidencialidade	
6. Obediência à legislação em vigor	

Fonte: SCHMIDT; SANTOS; ARIMA, 2006.

3.3.1 Controle interno contábil

Os parâmetros de controle interno contábil estão relacionados aos aspectos de processos e resultados voltados para a área contábil, o que pode refletir diretamente na apuração econômico-financeira de determinada entidade.

O fato de se utilizarem os parâmetros de controle interno como forma de estabelecer os objetivos da auditoria faz com que não devam ser especificados isoladamente, pois quaisquer que sejam os sistemas de informação, os tratamentos devem ser efetuados de forma integrada.

Na sequência, apresentamos uma visão de um macroprocedimento que poderia ser adotado para a validação dos respectivos parâmetros a fim de atingir os objetivos da auditoria.

3.3.1.1 Fidelidade da informação em relação aos dados

Este parâmetro consiste em verificar se as saídas das informações de determinado sistema estão corretas e são provenientes dos dados que originaram a entrada.

Esta especificação concentra-se na validação dos resultados do sistema de informação, ou seja, banco de dados, arquivos magnéticos, documentos de entrada de dados e relatórios de saída em nível de registros, dados e informações. Como exemplo, o inventário físico de estoques realizado regularmente pelas empresas industriais e comerciais tem por objetivo confrontar o saldo físico pelo lógico. A diferença detectada teria de ser analisada para verificar as diversas hipóteses de desvios que poderiam estar ocorrendo no processo durante a operação de controle dos estoques.

A validação desses resultados é um meio para se medir o efeito de determinado processo de sistema de informação. Isso significa que indiretamente estamos verificando se o processo que gerou tais resultados está correto ou não, sendo

Capítulo 3 — Controle interno e auditoria operacional e de sistemas

necessária uma confirmação para obter as respectivas evidências e formar a opinião do auditor.

A fidelidade da informação em relação aos dados pode detectar e evidenciar, por meio das informações, o grau de falha ou erro que pode existir no sistema de informação em nível de processos. Isso implica tomar medidas corretivas dos procedimentos falhos ou errados, bem como dos próprios dados já processados. Os testes de conferência de dados devem ser realizados nos procedimentos operacionais e de controles que compõem o módulo de tratamento de dados do sistema de informação em auditoria.

3.3.1.2 Segurança física

A segurança física refere-se à avaliação das vulnerabilidades dos ativos e de recursos materiais e humanos envolvidos no ambiente de sistemas de informação.

A validação desta especificação é resultante do grau de segurança proporcionado aos recursos existentes no ambiente do sistema, tanto manual como automatizado. Deve-se levar em consideração as ameaças em potencial existentes e a probabilidade de ocorrência eventual de sinistros que possam causar perdas e impactos nos negócios da organização. Portanto, cabe analisar os aspectos de controle e proteção física sobre:

* ambiente de sistemas de informação, tais como centro de processamento de dados (CPD), instalações, depósito de suprimentos etc.;

* equipamentos de processamento eletrônico de dados, como processadores, unidades de discos e fitas magnéticos, terminais e microcomputadores, impressoras etc.;

* suprimentos, tais como discos e/ou mídias magnéticas, CDs e DVDs, memória USB, formulários etc.;

* recursos humanos, como consultores e analistas de sistemas, programadores, usuários e operadores em geral.

As ferramentas e os dispositivos próprios de segurança utilizados, bem como os procedimentos de controle de segurança física, devem ser revisados e avaliados periodicamente quanto a sua validade e eficácia. Como exemplos, devem fazer parte da cultura organizacional o inventário físico de ativos, realizado regularmente para fins de controle de bens, e o uso de crachás de identificação para controle de acesso físico de pessoas, como funcionários, clientes, fornecedores, visitantes etc., às instalações da empresa.

3.3.1.3 Segurança lógica

A segurança lógica consiste em revisar e avaliar o nível de segurança e controle empregado em procedimentos operacionais e nos recursos tecnológicos dos processos de determinado sistema de informação. Tais processos correspondem aos procedimentos manuais, mecanizados ou automatizados que compõem as rotinas operacionais e de controle do sistema de informação.

Em termos de auditoria operacional e de sistemas, significa revisar e avaliar o *walk through*, que caracteriza todos os procedimentos operacionais e de controle para a transformação dos dados em informação, abrangendo tanto o *walk thru* (caminhar através) quanto o *audit trail* (trilha de auditoria). Enquanto o *walk thru* é um caminho que contém rotinas operacionais mínimas necessárias para transformar os dados em informação, o *audit trail* refere-se às rotinas de controle com os respectivos resultados que garantem o correto tratamento dos dados em informação.

A trilha de auditoria serve para reconstituir os dados originais com base nas informações geradas e identificar as rotinas onde ocorreram falhas ou erros, caso existam. Sendo assim, é importante a manutenção adequada das rotinas citadas, cuja função é detectar falhas ou erros de processamento para garantir a segurança lógica do sistema de informação.

Um exemplo mais comum de segurança lógica observado num sistema de informação é o processo de fechamento de um conjunto de lotes de registros processados para a atualização do banco de dados num determinado período. No caso, o saldo final dos registros existentes no banco de dados deve ser equivalente à soma do saldo inicial com os de entradas menos os de saídas dos respectivos registros. Por sua vez, o saldo inicial de registros existentes no banco de dados mencionado anteriormente deve ser igual ao final apurado no período anterior.

3.3.1.4 Integridade

A integridade consiste na proteção de dados e das informações contra processos de tratamento e modificações não autorizados.

A todo momento, pode haver necessidade de verificar se os dados e as informações estão íntegros, em face do constante acesso às instalações e ambientes de sistemas de informação. A manutenção da integridade de dados e informações pode ser proporcionada pela geração de cópias de segurança para eventual necessidade de recuperação. Porém, essas cópias devem ser protegidas contra acessos indevidos de usuários não autorizados.

O confronto entre a cópia de segurança gerada anteriormente e o respectivo arquivo em uso no sistema pode permitir a checagem das modificações realizadas nos registros com a devida verificação do responsável que as efetuou, com autorização ou não.

3.3.1.5 Confidencialidade

A confidencialidade representa o grau de sigilo que determinado sistema de informação consegue manter perante acessos de terceiros ou pessoas não autorizadas para obterem informações consideradas privativas.

A manutenção da confidencialidade é muitas vezes conseguida por meio de recursos tecnológicos, porém, não se deve esquecer de considerar os recursos humanos envolvidos no sistema de informação. De nada adiantaria utilizar recursos tecnológicos sofisticados, como a criptografia, se o próprio usuário acaba quebrando o protocolo, deixando determinadas informações confidenciais no relatório de saída à vista de terceiros que podem ter interesse em conhecê-las.

É importante ressaltar que determinados tipos de sistema podem estar processando informações com maior ou menor grau de sigilo, fazendo com que os controles de acesso a elas sejam estabelecidos com maior ou menor rigor. O nível de confidencialidade de tais informações é estabelecido pela análise dos dados a ser feita pelos administradores de dados em conjunto com os usuários finais. As informações podem ser confidenciais a determinadas pessoas e não confidenciais a outras. Portanto, a avaliação dos recursos tecnológicos empregados sob a ótica da confidencialidade deve ser efetuada em função dos recursos humanos envolvidos e do ambiente de sistema de informação em questão.

Como exemplo, a avaliação dos procedimentos de concessão, atualização e manutenção das senhas de acesso aos sistemas vitais por parte dos usuários finais pode medir o nível de controle e restrição de acesso aplicado às informações consideradas como confidenciais.

3.3.1.6 Obediência à legislação em vigor

A obediência à legislação em vigor consiste em verificar se os processos ou rotinas dos sistemas de informação estão sendo realizados de acordo com as leis vigentes no país, estado, município e em entidades externas responsáveis pelo estabelecimento de normas e procedimentos.

A validação, sob essa especificação ou parâmetro de controle interno, está vinculada à necessidade de o sistema de informação atender às regulamentações e às condicionantes determinadas pelo ambiente externo, tais como: governo, mercado, concorrentes e demais segmentos da sociedade.

Como exemplo, a verificação do recolhimento adequado de impostos na ocasião da emissão das notas fiscais pelo sistema de faturamento permite avaliar o cumprimento da legislação tributária do país e do estado.

3.3.2 Controle interno administrativo

Os parâmetros de controle interno administrativo estão relacionados com os aspectos de processos e resultados voltados para as áreas administrativa e operacional, podendo adotar diversos procedimentos de avaliação de desempenho administrativo operacional das atividades de negócios de determinada entidade.

Da mesma forma, tais parâmetros de controle interno devem ser estabelecidos nos objetivos da auditoria em conjunto com os parâmetros de controle interno contábil, o que permitirá avaliar o resultado econômico-financeiro da entidade em função da adoção de determinadas decisões e procedimentos pela alta administração da empresa.

Na sequência, apresentamos uma visão de macroprocedimento que poderia ser adotada para a avaliação dos respectivos parâmetros.

3.3.2.1 Eficácia

A eficácia do sistema de informação está vinculada ao atendimento adequado dos objetivos e das necessidades da empresa ou organização, por meio do seu recurso tecnológico de informação.

Basicamente, a informação se constitui num elemento que tem características próprias para ser utilizado no nível operacional das atividades empresariais, em nível tático ou gerencial para a tomada de decisão interna e em nível estratégico para a tomada de decisão em termos de planejamento de médio e longo prazos. Este último tem a finalidade de conseguir melhores oportunidades e de prosperar no cenário em que a empresa atua no seu respectivo mercado. Portanto, a eficácia do sistema de informação pode ser medida pelo grau de atendimento adequado e pelo nível de satisfação dos usuários finais, de acordo com um dos três níveis de apresentação anteriormente mencionados.

Como exemplo, a verificação da utilização de relatórios e telas de consulta, disponibilizados por determinado sistema à parte dos usuários finais, possibilita medir o grau de eficácia desse sistema.

Em suma, a auditoria de sistemas, sob a ótica da referida especificação ou parâmetro de controle interno, recai sobre os resultados do sistema de informação, o que corresponde a revisar e avaliar os dados e as informações processados pelo sistema e utilizados pelos respectivos usuários.

3.3.2.2 Eficiência

O termo **eficiência** correlaciona-se com a melhoria do desempenho proporcionada pela melhoria de determinado processo. Em nível de sistema de informação e de procedimentos operacionais, representa uma otimização na aplicação dos recursos tecnológicos, humanos e materiais, implicando a agilização do seu processo operacional e produtivo. Com efeito, o aumento da eficiência pode resultar na melhoria do desempenho e da elevação da capacidade produtiva, que, consequentemente, relacionada com o resultado da produção, pode levar ao aumento da produtividade.

A eficiência e a eficácia estão intimamente interligadas para formar um conjunto, mas não são sinônimos. Isto significa que um sistema de informação pode ser eficiente e eficaz ao mesmo tempo, bem como pode acontecer de ser eficiente e não ser eficaz. Medir a eficiência de um sistema de informação implica avaliar seu processo, como programas de computador, rotinas e atividades e/ou procedimentos operacionais e gerenciais; enquanto a eficácia verifica se o conjunto de resultados atinge os objetivos traçados para o sistema de informação.

Como exemplo de eficiência, pode-se citar o processo de atendimento adequado aos clientes, na ocasião da assistência técnica necessária para bom uso do produto adquirido por eles. Enquanto isso, a eficácia corresponde ao atendimento satisfatório que permite ao cliente utilizar o produto adquirido de forma adequada, levando-se em consideração que esse é o objetivo desejado.

Portanto, a auditoria operacional e de sistemas, sob a ótica de eficiência do sistema, consiste em revisar e avaliar a forma ótima de utilização dos recursos tecnológicos, humanos e materiais nos processos operacionais e gerenciais do sistema de informação.

3.3.2.3 Disponibilidade

A disponibilidade representa a garantia de acesso às informações pelas pessoas autorizadas, no sentido de realizar as devidas operações de negócios da empresa. O fato de as informações não estarem disponíveis aos usuários autorizados pode provocar interrupções indevidas no desenvolvimento dos negócios, bem como causar prejuízos financeiros à organização.

A revisão e a avaliação sob a ótica de disponibilidade consistem em testar e examinar a possibilidade de não se conseguir acesso às informações necessárias para a realização de algumas atividades operacionais sistêmicas da empresa. Também podem ser verificadas as possíveis interrupções corridas durante um determinado período, bem como a contingência acionada para a continuidade de negócios.

Como exemplo, a auditoria poderia estar validando as operações realizadas via internet em termos de acesso dos usuários autorizados às informações de forma adequada, e se estão disponíveis na hora em que desejar para a realização de alguma transação e/ou operação de negócios da empresa.

3.3.2.4 Obediência às diretrizes administrativas

A obediência às diretrizes administrativas refere-se ao cumprimento das normas e dos procedimentos determinados pelos diversos setores operacionais e administrativos da empresa.

Apesar de sua similaridade com a obediência à legislação em vigor, a especificação em questão trata dos aspectos internos de normatização, enquanto a outra se condiciona aos aspectos legais externos à organização.

A validação dos procedimentos operacionais e do sistema de informação, sob a ótica desse parâmetro, representa a revisão e a avaliação da adequação dos processos e resultados das atividades operacionais e do sistema às políticas e normas estabelecidas pela alta administração.

Como exemplo, no sistema de crédito e cobrança, para cada registro de cliente, o limite de crédito estabelecido segundo critérios da alta administração deve ser confrontado com o respectivo saldo, para verificar se existe algum limite além do parâmetro.

Finalmente, devemos ressaltar que o controle interno não é propriamente um sistema de controle; é um conjunto de controles interligados de maneira lógica que abrange todas as funções operacionais e administrativas, ou seja, o planejamento, a execução e o controle. A auditoria operacional e de sistemas atua diretamente na revisão e avaliação desse conjunto de itens interligados.

O controle, por seu turno, nada mais é do que uma das funções administrativas que requer a realização de planejamento prévio.

3.4 Controle interno e auditoria operacional e de sistemas

Os conceitos associados ao próprio controle interno são necessários para o auditor estabelecer as especificações e os requisitos básicos de controle necessários para o sistema a ser auditado. Geralmente, os objetivos da auditoria têm em vista:

- assegurar a adequação do sistema de controles que está implantado e que está sendo utilizado;

- determinar se os recursos estão sendo utilizados em função da análise de custo e benefício;

- checar se os ativos estão salvaguardados apropriadamente;

Capítulo 3 Controle interno e auditoria operacional e de sistemas

* revisar a integridade, confiabilidade e eficiência dos procedimentos operacionais e do sistema de informação, e a eficácia dos relatórios financeiros neles produzidos para fins de tomada de decisão.

Diante desses objetivos, a área de auditoria deve efetuar a revisão e a avaliação do controle interno, que consiste em uma combinação de procedimentos manuais e automatizados no sistema como um todo.

A integridade do controle interno é de responsabilidade do auditor. Além disso, cabe-lhe também efetuar o acompanhamento de todo o processo de desenvolvimento e manutenção do sistema de informação.

Ao analisar a situação dos procedimentos operacionais e do sistema de informação que tenham deficiências de controle interno, observa-se o quanto é difícil realizar a manutenção aditiva ou corretiva de controles, uma vez implantados e operacionalizados. Muitas vezes, as recomendações da auditoria podem implicar desenvolver novas rotinas tanto em nível manual quanto computadorizado, o que causaria dificuldades de atendimento e cumprimento das tarefas propostas. Além disso, existe o aspecto de risco envolvido no sucesso da implementação, podendo causar problemas de operação do sistema pelos usuários finais. Como exemplo disso, a implantação de controles num sistema de informação computadorizado em operação poderia acarretar:

* o reestudo e o redesenvolvimento do próprio projeto;
* o redimensionamento de recursos financeiros, materiais e humanos da área de TI;
* a reimplantação dos procedimentos operacionais e do sistema de informação;
* a mudança de procedimentos operacionais do sistema de informação.

Consequentemente, haveria o aumento do custo de investimento no projeto, com a necessidade de um novo treinamento do pessoal envolvido e a possibilidade de ocorrerem grandes transtornos na ocasião da implantação do sistema computadorizado. Mesmo assim, por causa das limitações tecnológicas e da filosofia empregada na concepção do sistema, os controles podem não ser satisfatórios.

Como forma de atuação do auditor na fase de desenvolvimento de sistemas computadorizados, há quatro itens que devem ser ponderados.

1. Controles efetivos devem ser desenvolvidos no sistema, e não incluídos posteriormente.

2. Em geral, analistas de sistemas e programadores não têm dedicado tempo suficiente aos controles, o que pode resultar na implantação de um sistema de controle inadequado ao ambiente de negócios.
3. Os auditores devem dedicar-se mais ao desenvolvimento de sistemas para assegurar a implantação de controles adequados.
4. Os auditores devem informar à administração que um sistema de controles não se trata apenas do conceito tradicional contábil, mas que é também um importante instrumento para conseguir a eficiência operacional do sistema de informação. Em outras palavras, um sistema de controles tem a função de administrar os ativos, dando confiança e precisão às operações, e de assegurar a integridade para se obter perfeição e eficiência do sistema de informação.

A revisão e a avaliação dos sistemas de controles apresentam ao auditor uma certa dificuldade de definição, devido aos seguintes aspectos:

- quando excessivas e assíduas, prejudicam o processamento;
- quando inadequadas, podem fazer com que o processamento de dados se torne inútil;
- a implantação de um maior número de controles aumenta diretamente não apenas a precisão, integridade e proteção de sistema computadorizado, mas também o seu custo;
- os controles podem aumentar a eficácia e a eficiência de processamento dentro do ponto ótimo, mas a implantação de mais controles pode apresentar resultados não interessantes para a organização, conforme o Gráfico 3.1.

Gráfico 3.1 Custo, integridade e, segurança e eficiência e eficácia *versus* controle

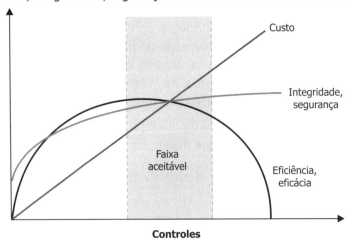

Fonte: BURCH; SARDINAS, 1978.

> **A função da auditoria é promover a revisão, a avaliação e as recomendações para o aprimoramento e a adequação dos controles internos nos procedimentos operacionais e de sistemas de informação da empresa, bem como avaliar a utilização dos recursos humanos, materiais, financeiros e tecnológicos envolvidos no processo de desenvolvimento dos negócios da empresa (características preventiva e detectiva).**

3.5 Auditoria operacional e de sistemas

A auditoria operacional e de sistemas é uma função administrativa que tem por finalidade identificar e/ou detectar com antecedência as falhas e os erros existentes no controle interno de determinado sistema de informação. Sendo assim, apresentamos na sequência os conceitos envolvidos no desenvolvimento das atividades de auditoria, tais como objetivos, ciclo de vida do sistema e atuação da auditoria, pontos de controle e de auditoria e ciclo de vida da auditoria operacional e de sistemas.

3.5.1 Objetivos

Da mesma forma que a função da auditoria, os objetivos da auditoria operacional e de sistemas é promover revisão, avaliação e recomendações para o aprimoramento e adequação dos controles internos dos sistemas de informação da empresa, bem como avaliar a utilização dos recursos humanos, materiais e tecnológicos envolvidos em seu processamento.

A auditoria deve atuar em qualquer ambiente de sistema de informação da empresa, quer no nível estratégico, quer no gerencial ou no operacional.

Podemos agrupar os trabalhos a serem desenvolvidos para alcançar os objetivos anteriormente definidos em quatro linhas mestres de atuação, descritas a seguir.

1. Auditoria operacional e de sistemas em produção: abrange os procedimentos e resultados dos sistemas de informação já implantados (características preventiva, detectiva e corretiva).

2. Auditoria durante o desenvolvimento de sistemas: abrange todo o processo de construção de sistemas de informação, desde a fase de levantamento do sistema a ser informatizado até o teste e a implantação (característica preventiva).

3. Auditoria do ambiente de tecnologia da informação: abrange a análise do ambiente de informática em termos de estrutura orgânica, contratos de *software*

e *hardware*, normas técnicas e operacionais, custos, nível de utilização dos equipamentos e planos de segurança e de contingência.

4. Auditoria de eventos específicos: abrange a análise da causa, da consequência e da ação corretiva cabível de eventos localizados e que não se encontram sob auditoria, detectados por outros órgãos e levados a seu conhecimento (característica corretiva).

3.5.2 Ciclo de vida de um sistema de informação e atuação da auditoria de sistemas

Um sistema tem o ciclo de vida constituído de duas fases: desenvolvimento e produção.

O desenvolvimento do sistema de informação compreende:

- aplicar recursos financeiros, humanos, materiais e tecnológicos;
- processar tais recursos, por meio da aplicação de métodos e técnicas de análise e desenvolvimento de sistemas;
- gerar, como produto final, um sistema de informação.

Geralmente, a análise e o desenvolvimento de sistemas de informação compõem-se das seguintes etapas:

- levantamento do sistema atual;
- estudo de viabilidade;
- anteprojeto do novo sistema, também conhecido como projeto lógico;
- detalhamento do projeto;
- programação e depuração, estas duas também conhecidas como projeto físico;
- implantação do sistema.

A produção do sistema de informação consiste em ter como entrada os dados, processá-los, mantendo-os em arquivos magnéticos e/ou banco de dados, e divulgar as informações úteis. Durante esta fase, o sistema deverá sofrer revisões e avaliações, que servirão de realimentação do processo no desenvolvimento do novo sistema.

O Quadro 3.2 caracteriza todo o processo metodológico de concepção de um sistema de informação.

Quadro 3.2 Ciclo de vida de um sistema de informação

DESENVOLVIMENTO	PRODUÇÃO
* Levantamento	* Revisão e avaliação
* Estudo de viabilidade	* Realimentação do processo
* Anteprojeto	
* Detalhamento do projeto	
* Programação e testes	
* Implantação	

Fonte: SCHMIDT; SANTOS; ARIMA, 2006.

Diante do tratamento diferenciado dos produtos nas duas fases do ciclo de vida do sistema, a atuação da auditoria torna-se distinta a cada etapa.

Durante a fase de desenvolvimento do sistema de informações, os objetos e/ou produtos a serem auditados se concentram em:

* metodologia a ser aplicada para o desenvolvimento do sistema;

* especificações do sistema obtidas em cada etapa do desenvolvimento;

* administração do projeto;

* pré-implantação do respectivo sistema de informação.

O Quadro 3.3 relaciona os parâmetros e as especificações de controle interno que podem ser considerados como objetivos da auditoria durante o desenvolvimento, como seguem:

* controle interno contábil – segurança física, segurança lógica, confidencialidade e obediência à legislação;

* controle interno administrativo – eficiência e obediência às diretrizes administrativas.

Podemos constatar que as avaliações realizadas nesta fase recaem sobre os processos de desenvolvimento dos sistemas de informação.

Quadro 3.3 Fases do ciclo de vida de um sistema e respectivos parâmetros ou especificações de controle interno

CONTROLE INTERNO	FASES	
	Desenvolvimento	Produção
Contábil	✳ Segurança física ✳ Segurança lógica ✳ Integridade ✳ Confidencialidade ✳ Obediência à legislação	✳ Fidelidade da informação em relação aos dados ✳ Segurança física ✳ Segurança lógica ✳ Integridade ✳ Confidencialidade ✳ Obediência à legislação
Administrativo	✳ Eficiência ✳ Disponibilidade ✳ Obediência às diretrizes administrativas	✳ Eficácia ✳ Eficiência ✳ Disponibilidade ✳ Obediência às diretrizes administrativas

Fonte: SCHMIDT; SANTOS; ARIMA, 2006.

O Quadro 3.3 possibilita constatar também que os parâmetros e as especificações de controle interno, considerados para a avaliação do sistema em produção, são:

- controle interno contábil – fidelidade da informação em relação aos dados, segurança física, segurança lógica, integridade, confidencialidade e obediência à legislação;
- controle interno administrativo – eficácia, eficiência, disponibilidade e obediência às diretrizes administrativas.

Comparando a relação dos parâmetros ou especificações enumeradas nas duas fases do ciclo de vida do sistema, observa-se a adição de fidelidade de informação em relação ao dado e à eficácia na produção do sistema de informação. Essas duas especificações podem ser aplicadas sobre os resultados do sistema de informação, quais sejam, os dados e as informações geradas. No caso do sistema em desenvolvimento, não existem esses resultados, ou seja, dados e informações da aplicação para testes e auditagem.

Quanto à fase subsequente, isto é, quando o sistema de informação é implementado e inicia-se o processo de produção de informações, surgem os seguintes tipos de produtos que interessam à auditoria:

- rotinas e processos componentes do sistema de informação;
- dados e informações processados pelo respectivo sistema.

3.5.3 Pontos de controle e pontos de auditoria

De maneira geral, podemos definir um ponto de controle como uma situação levantada que merece ser validada pela auditoria de sistemas, segundo determinados parâmetros do controle interno.

Os pontos de controle caracterizam-se em:

* processo – constituído de rotinas operacionais e/ou de controle, etapas do ciclo de desenvolvimento de *softwares*, etapas de manutenção de sistemas, procedimentos administrativos etc.;
* resultado – constituído de documentos, relatórios, arquivos, pontos de integração, estrutura lógica do sistema, estrutura física do sistema, modelo conceitual de base de dados etc.

Cada um desses pontos de controle, uma vez selecionados para o teste de avaliação, são analisados sob o enfoque de um ou mais parâmetros ou especificações de controle interno. Esses parâmetros servirão de objetivo e base para verificar a qualidade do ponto de controle a ser auditado.

Os pontos de controle são validados em função da disponibilidade de recursos humanos, materiais, tecnológicos e financeiros, bem como das prioridades determinadas pela alta administração. Portanto, nem todos os pontos de controle inventariados são submetidos aos testes de validação.

A validação do ponto de controle consiste em aplicar técnicas de auditoria operacional e de sistemas, cujos resultados são analisados e avaliados segundo as especificações do controle interno. Os testes de validação devem ser evidenciados de tal sorte que o auditor possa emitir sua opinião preliminar quanto à situação do referido ponto. De acordo com a amostragem dos pontos de controle validados é que se torna possível a opinião sobre o controle interno de determinado sistema de informação.

Após o teste de validação, o ponto de controle pode ser encontrado em duas situações: quando não há ou quando há fraqueza nos controles internos. Quando não são detectadas falhas ou erros no ponto de controle, diz-se que este está dentro das especificações de controle interno. No entanto, quando apresenta fraqueza, o mesmo é denominado ponto de auditoria. Este, por sua vez, representa um ponto de controle já validado e constará do relatório de fraquezas do controle interno da auditoria. Para sua perfeita caracterização, é necessário providenciar:

* documentação comprobatória, isto é, evidência documental;
* descrição do tipo de fraqueza;
* alternativa de solução recomendada.

Uma vez implementada a solução recomendada pelos usuários e analistas responsáveis pelo sistema de informação, segundo determinação do ponto de auditoria, este se torna novamente um ponto de controle. A Figura 3.1 apresenta o ciclo de vida do ponto de controle e do ponto de auditoria.

Figura 3.1 Ciclo de vida do ponto de controle e do ponto de auditoria

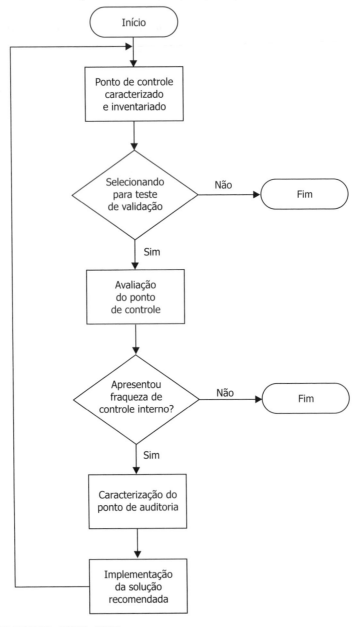

Fonte: SCHMIDT; SANTOS; ARIMA, 2006.

3.5.4 Ciclo de auditoria operacional e de sistemas

Tendo em vista que o objetivo da auditoria operacional e de sistemas é revisar e avaliar o controle interno de determinado sistema de informação, suas atividades são agrupadas em dois momentos, a saber:

* auditoria de posição;
* auditoria de acompanhamento.

O ciclo de auditoria de sistemas inicia-se com a auditoria de posição que, em termos globais, corresponde:

* ao levantamento do sistema de informação a ser auditado;
* à caracterização e ao inventário dos pontos de controle;
* à priorização e seleção dos pontos de controle para teste de validação;
* à aplicação das técnicas de auditoria para avaliação dos pontos de controle, segundo parâmetros ou especificações de controle interno;
* à elaboração de relatórios de auditoria com caracterização dos pontos de auditoria.

Os pontos de controle que apresentaram fraquezas de controle interno, caracterizadas como pontos de auditoria, são revisados e avaliados, periodicamente, até a implementação da solução recomendada. Esse momento da auditoria é denominado auditoria de acompanhamento.

O Quadro 3.4 mostra o ciclo de auditoria operacional e de sistemas, em paralelo ao ciclo de vida de ponto de controle e do ponto de auditoria conceituados no item anterior.

Quadro 3.4 Ciclo de auditoria operacional e de sistemas em relação ao ciclo de vida de ponto de controle e do ponto de auditoria

AUDITORIA DE POSIÇÃO					AUDITORIA DE ACOMPANHAMENTO
Validação dos pontos de controle					Validação dos pontos de auditoria
Levantamento	Caracterização e inventário dos pontos de controle	Seleção dos pontos de controle	Teste de validação dos pontos de controle	Elaboração de relatórios de auditoria e caracterização dos pontos de auditoria	Revisão e avaliação da implementação da solução recomendada
Pontos de controle caracterizados e inventariados	Pontos de controle não selecionados				
	Pontos de controle selecionados e testados	Pontos de controle que não apresentaram fraqueza			
		Pontos de controle que apresentaram fraqueza			Pontos de auditoria

Fonte: ARIMA, 1994.

Ao analisar o Quadro 3.4 da esquerda para a direita e de cima para baixo, nota-se que a auditoria de posição consiste em avaliar os pontos de controle que nas etapas de levantamento e caracterização e inventário dos pontos de controle são apresentados. Desses pontos, alguns deixam de ser selecionados e aqueles que são selecionados sofrem as devidas revisões e avaliações. Dos pontos que sofreram a auditoria, alguns poderão não apresentar fraquezas e outros que apresentaram fraquezas são transformados em pontos de auditoria.

Com a caracterização dos pontos de auditoria, estes são avaliados na auditoria de acompanhamento, que consiste em revisar e avaliar a implementação da solução recomendada no relatório de auditoria.

No capítulo subsequente, apresentaremos os métodos, as técnicas e as aplicações do ciclo de auditoria operacional e de sistemas.

Referências

AUDITING STANDARDS EXECUTIVE COMMITTEE. *Statement on auditing standards, n. 1; codification of auditing standards & procedures.* New York: American Institute of Certified Public Accountants, 1973. par. 320.09.

ARIMA, C. H. *Metodologia de auditoria de sistemas.* São Paulo: Érica, 1994.

BURCH, J. Jr.; SARDINAS, J. L. Jr. *Computer control and audit.* New York: John Wiley & Sons, 1978.

DELOITTE TOUCHE TOHMATSU. *Lei Sarbanes-Oxley*: guia para melhorar a governança corporative através de eficazes controles internos. São Paulo: Deloitte, 2003.

SCHMIDT, P.; SANTOS, J. L.; ARIMA, C. H. *Fundamentos de auditoria de sistemas.* São Paulo: Atlas, 2006.

capítulo

4

Métodos, técnicas e aplicações de auditoria operacional e de sistemas

4.1 Introdução

Com base no ciclo de auditoria operacional e de sistemas apresentado no capítulo anterior, que explorou aspectos conceituais da auditoria, abordaremos agora os métodos, as técnicas e as aplicações da respectiva função administrativa.

4.2 Etapas de auditoria operacional e de sistemas

Qualquer que seja o ambiente e a modalidade dos procedimentos operacionais de sistema de informação, tem-se verificado que o roteiro de trabalho, bem como os métodos aplicados para auditoria, não tem sido muito diferente. Exceto por algumas peculiaridades tecnológicas, que implicam a aplicação de técnicas específicas de auditoria, a forma como devem ser desenvolvidos os trabalhos pode ser mantida, conforme as fases e as etapas propostas na sequência.

Tudo se inicia com o planejamento do projeto de auditoria operacional e de sistemas, observando que existem dois momentos, ou seja, auditoria de posição e, depois, auditoria de acompanhamento.

A primeira fase, que compreende a auditoria de posição, consiste em:

- levantamento do ambiente de sistema de informação a ser auditado;
- identificação e inventário dos pontos de controle;
- eleição, por meio de análise de risco, dos pontos de controle do ambiente de sistema em auditoria;

- revisão e avaliação dos pontos de controle;
- elaboração do relatório de avaliação de controle interno e de auditoria.

O segundo momento, referente à auditoria de acompanhamento, consiste em efetuar o acompanhamento dos pontos de auditoria estabelecidos no relatório de auditoria.

O Quadro 4.1 apresenta a diagramação das etapas de auditoria operacional e de sistemas, que descreveremos na sequência.

Quadro 4.1   Fases/etapas do ciclo de projeto da auditoria operacional e de sistemas

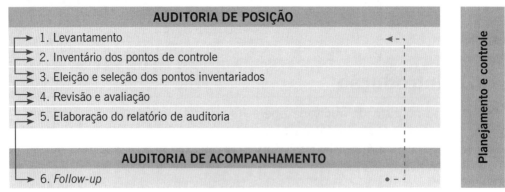

Fonte: elaborado pelos autores.

4.2.1 Planejamento e controle do projeto de auditoria operacional e de sistema

Esta etapa abrange todas as etapas da auditoria de posição e auditoria de acompanhamento. Consiste em definir as necessidades de recursos humanos, tecnológicos, materiais e financeiros para o desenvolvimento do projeto de auditoria. Tais recursos devem ser dimensionados em função do enfoque, da abrangência e da delimitação do ambiente e/ou sistema a ser auditado, e em relação ao prazo estabelecido pela alta administração.

De acordo com as diretrizes da alta administração, inicia-se a formação das equipes de trabalho em dois grupos, sendo um de coordenação e outro de execução. O primeiro grupo deverá ser composto, ao menos, do gerente de auditoria, coordenador e/ou supervisor da auditoria, gerentes da(s) área(s) usuária(s) responsável(is) pela(s) área(s) funcional(is) envolvida(s) pelo sistema a ser auditado e gerente de tecnologia da informação. Em complemento a esse grupo, é importante que o diretor e/ou vice-presidente participem das atividades que requeiram a decisão de escolha das alternativas para a realização da auditoria, bem como para o acompanhamento e controle dos resultados obtidos a cada etapa do ciclo de projeto da auditoria.

Capítulo 4 Métodos, técnicas e apliações de auditoria operacional e de sistemas   **141**

Enquanto isso, o grupo de execução deverá ser constituído de auditores, analistas, programadores e técnicos da área de sistemas, os quais efetuarão a auditoria propriamente dita. A execução dessa auditoria deverá obedecer às normas e aos procedimentos estabelecidos pelo grupo de coordenação.

Algumas das ferramentas de planejamento já consagradas elaboradas para fins de monitoramento e controle são: quadro de recursos tecnológicos, humanos, materiais e financeiros a ser aplicados no projeto; planilha de orçamento de custos; cronograma de execução do tipo gráfico de Gantt (vide Tabela 4.1), Pert/CPM – siglas de *Project Evaluation Review Technique* e *Critical Path Method*, respectivamente. Compõem esse grupo os demais métodos, técnicas e ferramentas utilizados no planejamento de projetos.

Tabela 4.1 Exemplo de cronograma de execução

Etapas	Auditores técnicos	Quant. de horas	Mês 1				Mês 2				Mês 3			
			1	2	3	4	1	2	3	4	1	2	3	4
Planejamento do projeto de auditoria operacional e de sistema	Grupo de coordenação	40	■											
Levantamento do sistema a ser auditado	Grupo de execução	200		■	■									
Identificação e inventário dos pontos de controle	Grupo de execução	40				■								
Análise de risco para seleção dos pontos de controle do ambiente em auditoria	Grupo de coordenação	20					■							
Revisão e avaliação dos pontos de controle	Grupo de execução	400							■	■				
Elaboração do relatório de avaliação de controle interno e de auditoria	Grupo de coordenação	40											■	■
Acompanhamento dos pontos de auditoria	Grupos a serem estabelecidos no relatório de auditoria													

Fonte: elaborada pelos autores.

4.2.2 Levantamento do ambiente de sistema a ser auditado

Uma vez selecionado o ambiente de sistema de informação a ser auditado, inicia-se o processo de levantamento por parte do grupo de execução.

O levantamento deve ser efetuado em nível macro, abrangente o suficiente para o entendimento pleno e global das características do ambiente de um sistema em auditoria. Para isso, podemos empregar métodos e técnicas de levantamento consagrados por meio de entrevistas e análise da documentação existente, colocando as informações de forma descritiva e/ou gráfica. Podem ser aproveitadas outras formas de documentação, tais como Diagrama de Fluxo de Dados (DFD), Dicionário de Dados (DD), Diagrama Entidade-Relacionamento (DER) e Diagrama Hierárquico de Funções (DHF), utilizadas pela área de sistemas e/ou tecnologia da informação (TI) para fins de caracterização do ambiente de sistema a ser auditado.

Dentro deste levantamento é importante que o sistema seja delimitado e que sejam identificados os pontos de integração com os demais sistemas inter-relacionados. Esse procedimento facilita a determinação da abrangência da auditoria e impede a execução de auditoria em áreas não pertencentes e não consideradas no escopo do trabalho de auditoria.

4.2.3 Identificação e inventário dos pontos de controle

A caracterização do sistema em questão permite a identificação de diversos pontos de controle que merecem ser validados pela auditoria. A esse processo denomina-mos inventário de pontos de controle.

Os pontos de controle podem ser definidos e identificados pelos elementos que compõem o sistema de informação, tais como documentos de entrada de dados, relatórios de saídas, telas, arquivos magnéticos, tabelas de banco de dados, rotinas manuais e/ou automatizadas pelos programas de computador, pontos de integração etc.

Os pontos de controle inventariados devem ser relacionados e os objetivos de controles devem ser considerados e estabelecidos, assim como é preciso definir as formas de validação das funções que exercem no sistema como um todo. Agregados ao item, devem ser identificados os parâmetros, ou especificações de controle interno, mais afetados em função da sua fraqueza e as técnicas de auditoria que podem ser aplicadas para sua validação. Essa relação de pontos de controle deverá ser encaminhada para o grupo de coordenação para fins de triagem e realização da etapa subsequente.

4.2.4 Eleição e seleção dos pontos de controle do sistema de auditoria

Esta etapa, de responsabilidade do grupo de coordenação, consiste em eleger, por meio da análise de risco, os pontos de controle que devem ser priorizados para execução da auditoria dos pontos de controle inventariados na etapa anterior.

O critério utilizado para eleição dos pontos de controle pelos integrantes do grupo de coordenação é estabelecer o grau de risco envolvido em cada um desses pontos inventariados.

Essa forma de eleição dos pontos de controle corresponde à aplicação do método de análise de risco utilizado pela auditoria, para saber, com antecedência, quais as ameaças prováveis que podem prejudicar um sistema de informação e, consequentemente, os negócios da empresa.

Com isso, o auditor responsável e os demais membros do grupo de coordenação deverão avaliar a probabilidade de ameaças em potencial que possam causar um incidente indesejado, provocando um impacto nos negócios da empresa.

Para simplificar esse processo, pode-se utilizar a escala de 1 a 5 para cada uma das variáveis independentes da fórmula: $R = P \times I$, sendo:

R – grau de risco;

P – probabilidade de ocorrência da ameaça;

I – impacto no ambiente do sistema em relação aos negócios da empresa.

No caso da variável P, a escala de probabilidades de ocorrência pode ser definida da seguinte forma:

Escala	Descrição
1	Completamente improvável.
2	Improvável.
3	Possível.
4	Bem possível.
5	Bem possível e já ocorreu.

No caso da variável I, a pontuação para a medida de impacto pode ser definida da seguinte forma:

Escala	Descrição
1	Imaterial, irrelevante, desprezível – efeito pouco significativo, sem afetar a maioria dos processos de negócios da empresa.
2	Baixo – sistemas não disponíveis por um período de tempo; perda de credibilidade junto aos clientes; pequenas perdas.

3	Médio – perdas financeiras de maior vulto.
4	Alto – efeitos desastrosos, porém sem comprometer a sobrevivência da empresa.
5	Altíssimo, iminente, crítico – efeitos desastrosos, comprometendo a sobrevivência da empresa.

Com a aplicação dessas escalas e pontuações, pode-se obter os seguintes resultados de matriz de risco apresentados na Tabela 4.2.

Tabela 4.2 Matriz de risco

Probabilidade	Impacto				
	1	2	3	4	5
1	1	2	3	4	5
2	2	4	6	8	10
3	3	6	9	12	15
4	4	8	12	16	20
5	5	10	15	20	25

Fonte: elaborada pelos autores.

De acordo com a Tabela 4.2, o tratamento a ser dado pela matriz de risco seria definir os critérios de aceitar ou não os riscos apurados durante a eleição. No exemplo, poderia se determinar que, se o resultado fosse de 1 a 5, os riscos seriam aceitáveis; de 6 a 12, poderiam ser considerados toleráveis; enquanto acima de 15, seriam considerados intoleráveis. Neste último caso, mereceriam maior atenção por parte de auditoria, que realizaria o exame e a avaliação dos respectivos pontos de controle.

Portanto, a seleção dos pontos de controle para auditoria pode ser estabelecida em função dos resultados do grau de risco apurado por ponto de controle em relação ao sistema como um todo.

O fato de determinado ponto de controle ser prioritário para a realização do exame de auditoria não implica despender esforços para sua execução. É necessário que sejam avaliados os recursos disponíveis para a viabilização da revisão e avaliação de diversos pontos de controle de forma integrada em relação aos objetivos estabelecidos no início do projeto. Essa avaliação deve ser o mais abrangente possível, para que a amostragem do teste de validação da auditoria seja satisfatória para a formação de uma opinião, por parte dos auditores e demais membros do grupo de coordenação.

A partir da determinação de prioridades e da seleção dos pontos de controle para testes de validação, deverão ser realizadas a revisão e a avaliação dos pontos de controle, abordadas no item subsequente.

4.2.5 Revisão e avaliação dos pontos de controle

Esta etapa consiste em executar testes de validação dos pontos de controle segundo as especificações de controle interno determinadas para auditoria do respectivo sistema de informação.

Tais testes implicam aplicar técnicas de auditoria que evidenciem falhas ou fraquezas de controle interno. Entretanto, para atingir o resultado satisfatório, é necessário o emprego de ferramentas adequadas de auditoria, sem perder de vista os seguintes aspectos:

* os objetivos da auditoria, segundo parâmetros ou especificações de controle interno, determinados pelo ponto de controle em relação ao sistema de informação como um todo;
* a identificação da natureza do ponto de controle em termos de processo ou resultado;
* o nível de profundidade do teste requerido ao ponto de controle para validação.

Conforme os objetivos e as características do ponto de controle anteriormente observados, selecionam-se as técnicas de auditoria que melhor se adequem à aplicação e que impliquem na obtenção de provas ou evidências da fraqueza de controle interno na revisão e avaliação do ponto de controle em questão.

Em termos formais, poderá ser preenchido o modelo de formulário de programa de auditoria, conforme apresentado nos Quadros 4.2 e 4.3.

O programa de auditoria consiste em registrar na parte da frente (Quadro 4.2): a área de risco e/ou sistema em auditoria, a data de referência do exercício da auditoria, o nome do ponto de controle, os objetivos de avaliação, a prioridade estabelecida na etapa anterior, o tempo estimado e real do trabalho de auditoria, a sequência de procedimentos de avaliação, os recursos necessários para execução dos procedimentos, a referência dos documentos que evidenciam os trabalhos de auditoria, a data de realização e a rubrica do responsável. No verso (Quadro 4.3) devem constar: comentários sobre os resultados da avaliação, recomendações, se houver, na identificação da fraqueza de controle interno apresentada no campo anterior. Na parte final do verso do formulário, devem ser identificados os responsáveis pelo desenvolvimento do programa, pela execução dos procedimentos de avaliação e pela respectiva conferência dos trabalhos de auditoria.

Cada programa de auditoria concluído possibilita apresentar um relatório preliminar sobre a avaliação do ponto de controle, permitindo aos responsáveis tomarem as devidas providências de ajuste e correção do ponto antes da ocorrência de algum evento indesejado que prejudique o andamento operacional e de controle dos negócios da empresa.

146

Auditoria do negócio com TI: gestão e operação

Quadro 4.2 Modelo do formulário de programa de auditoria (frente)

PROGRAMA DE AUDITORIA			N.	
Área de risco/sistema:			Data do exercício:	
Ponto de controle:				
Objetivo(s) de avaliação:				
Prioridade:	Tempo estimado:		Tempo real:	
N.	Procedimentos de avaliação	Recursos necessários	Referência	Data e rubrica

Fonte: ARIMA, 1994.

Quadro 4.3 Modelo do formulário de programa de auditoria (verso)

Resultados da avaliação:		
Recomendações:		
Desenvolvido por: _____ ___/___/___	Executado por: _____ ___/___/___	Conferido por: _____ ___/___/___

Fonte: ARIMA, 1994.

4.2.6 Elaboração do relatório de avaliação de controle interno e de auditoria

Com a execução dos testes de validação dos pontos de controle, quaisquer que sejam os resultados, eles deverão ser objetos de relatórios de avaliação de controle interno e de auditoria. Deles deverá constar o diagnóstico, ou seja, situação atual em que se encontram os pontos de controle e as fraquezas do controle interno, se houver, segundo as especificações determinadas no respectivo projeto de auditoria.

A detecção de falhas de controle interno implica a necessidade de fazer recomendações, com alternativas de solução, que minimizem ou até eliminem as fraquezas existentes.

O relatório de auditoria poderá ser desenvolvido com os seguintes itens:

* objetivos;
* trabalhos realizados;
* todos os pontos de controle que apresentaram fraquezas de controle interno;
* considerações gerais;
* opinião da auditoria.

Os itens dos pontos de controle que apresentaram fraquezas de controle interno poderão ser desenvolvidos da seguinte forma:

* nome do ponto de controle auditado;
* descrição sucinta do ponto de controle;
* problemas detectados;
* possíveis impactos que podem causar prejuízos à organização;
* recomendações com as respectivas alternativas de solução.

O fato de determinado ponto de controle apresentar fraquezas de controle interno o transforma em ponto de auditoria. Isso significa que tal ponto deverá sofrer ajustes, após um prazo dado, para a tomada de medidas corretivas e/ou preventivas por parte de analistas e usuários responsáveis pela manutenção.

O ciclo de vida da função da auditoria é cíclico, sendo assim, os trabalhos desenvolvidos na auditoria de posição implicam realizar os devidos monitoramentos e acompanhamentos de realização da manutenção por parte dos responsáveis, conforme recomendações dadas neste primeiro estágio.

4.2.7 Auditoria de acompanhamento

Como segundo momento da auditoria, esta fase consiste em revisar e avaliar os pontos de auditoria elencados no relatório de avaliação de controle interno e de auditoria apresentado na fase anterior. O acompanhamento, também denominado como *follow-up*, representa a realização da revisão e avaliação dos pontos de auditoria, ou seja, pontos de controle que apresentaram fraquezas de controle interno na auditoria de posição. De cada um desses pontos constam as recomendações apresentadas pela auditoria, que requerem providências de acerto e correção dos pontos falhos de controle interno.

A atividade de auditoria de acompanhamento tem por finalidade:

- identificar se os problemas foram solucionados;
- verificar se medidas estão sendo adotadas no sentido de eliminar as deficiências apontadas na auditoria de posição;
- adequar e atualizar as recomendações em face das novas realidades tecnológicas e mudanças na organização da empresa;
- avaliar o comprometimento da administração frente aos parâmetros de controle interno determinado no início do projeto de trabalho da auditoria.

O acompanhamento da auditoria, isto é, o *follow-up*, deve ser efetuado até que todos os requisitos das especificações do controle interno sejam atendidos e a opinião da auditoria sobre o controle interno seja expressa como satisfatória.

O acompanhamento da auditoria deve ser dado em função dos seguintes fatores:

- grau de importância do cumprimento das especificações de controle interno determinados pelo sistema de informação, considerando os aspectos de prioridade dados no programa de auditoria;
- dinâmica e frequência de manutenção ocorrida durante determinado período;
- disponibilidade de recursos financeiros, humanos e tecnológicos segundo a programação anual da auditoria e da alta administração.

Qualquer que seja o resultado da auditoria, ou seja, apontando ou não falhas, é importante que os sistemas sejam reavaliados periodicamente, de modo a assegurar proteção e manutenção de forma efetiva e permanente.

Além disso, os procedimentos operacionais dos negócios e de sistemas de informação normalmente sofrem mudanças em função da dinâmica do ambiente de negócios em que estão operando: mudança de estrutura orgânica, aplicação de novas políticas da alta administração, adequação às exigências legais advindas do ambiente externo, desenvolvimento organizacional, novas estratégias de negócios etc. Isso faz com que todos os sistemas envolvidos sofram alterações localizadas ou de forma global.

Na sequência, apresentamos a aplicação dos métodos e das técnicas de auditoria operacional e de sistemas em ambiente normal de operação dos negócios da empresa.

4.3 Auditoria operacional e de sistemas em ambiente de operação normal dos negócios da empresa

Esta auditoria consiste em revisar e avaliar os processos e os resultados de um ambiente de sistema de informação sob as óticas dos parâmetros de controle interno, tais como segurança física, segurança lógica, fidelidade da informação em relação aos dados, confidencialidade, obediência à legislação em vigor, eficiência, eficácia e obediência às diretrizes administrativas. Os processos são constituídos de procedimentos, rotinas e módulos de programas que desenvolvem as atividades operacionais e de controle de processamento de dados e das informações. Os resultados correspondem aos dados e às informações que poderão estar em documentos, formulários, relatórios e telas, ou digitalizados e armazenados em arquivos magnéticos.

O desenvolvimento da auditoria operacional e de sistemas em operação normal, de acordo com o método apresentado no item anterior, requer a adequação dos procedimentos e os resultados que descreveremos na sequência.

A auditoria em sistemas de informação pode ser realizada seguindo as etapas de: planejamento e controle a cada etapa, levantamento do ambiente do sistema em auditoria, inventário dos pontos de controle, eleição e seleção dos pontos de controle, avaliação dos pontos de controle selecionados, elaboração do relatório de auditoria e acompanhamento, por parte da auditoria, das soluções adotadas pelos responsáveis pela manutenção.

4.3.1 Planejamento e controle

Em qualquer natureza de projeto, o planejamento consiste em determinar os objetivos, as etapas e as atividades a serem desenvolvidas para auditoria, ou seja, revisar e avaliar o controle interno de determinado ambiente de sistema de informação em operação normal. O ambiente do sistema a ser auditado é, normalmente, selecionado pela alta administração, conforme o plano diretor da auditoria elaborado no âmbito organizacional. Uma vez definido o escopo do projeto, parte-se para estabelecer os recursos necessários para execução, tais como humanos, tecnológicos, materiais e financeiros.

De acordo com o método apresentado, a previsão de recursos humanos consiste na formação de equipes de trabalho denominadas grupos de coordenação e de execução. O grupo de coordenação é constituído pelos gerentes responsáveis pelo sistema a ser auditado em nível de usuário e de analista, e do gerente de auditoria com supervisor do projeto. Este último deverá programar e coordenar os trabalhos da auditoria a serem desenvolvidos pelo grupo de execução, formado por auditores, analistas e programadores técnicos de sistemas.

Cabe aos grupos de trabalho elaborarem o cronograma de execução, levantarem os recursos tecnológicos, materiais e financeiros, bem como profissionais especialistas necessários para o desenvolvimento do respectivo projeto, e submeterem a aprovação das ferramentas de planejamento à alta administração.

A cada etapa do trabalho desenvolvido, o grupo de coordenação deve monitorar e controlar os desvios apurados, no sentido de tomar medidas preventivas e/ou corretivas para o bom andamento do projeto.

4.3.2 Levantamento do ambiente do sistema

O levantamento consiste em obter informações por meio de análise das documentações de procedimentos operacionais e do sistema de informação; entrevistas de usuários e analistas responsáveis e visita e verificação *in loco* dos processos e operações do ambiente de sistema de informação pelo grupo de execução. Com base nessas informações, deve-se registrar os processos e os resultados gerados no ambiente de negócios da empresa, de forma descritiva e/ou gráfica, utilizando algumas ferramentas consagradas e utilizadas pela área de desenvolvimento de sistemas, tais como DFD, DD, Modelo Entidade-Relacionamento (MER), DHF, *Unified Modeling Language* (UML) etc. Essa documentação constitui-se num arquivo de auditoria denominado "Pasta permanente", a qual deve conter as características gerais do ambiente de negócios da empresa, atualizada a cada momento do desenvolvimento do projeto de auditoria operacional e de sistemas.

O levantamento deve se limitar ao nível macro, isto é, o suficiente para o entendimento da arquitetura e de elementos do ambiente de negócios em auditoria. O detalhamento dar-se-á apenas no momento da auditoria do ponto de controle eleito e selecionado.

4.3.3 Inventário dos pontos de controle

Baseado no levantamento anterior, inicia-se o processo de inventário dos pontos de controle, ou seja, identificar processos, rotinas, documentos, relatórios, arquivos, grupos e/ou conjunto de dados e informações, módulos de integração etc., cujos elementos merecem ser levantados e validados pela auditoria.

No caso do ambiente de negócios que envolve determinados sistemas de informação, ele é constituído dos seguintes elementos, conforme mostra a Figura 4.1:

* captação de dados;
* codificação e entrada de dados;
* transmissão;
* processamento;
* armazenamento em meio magnético;
* recuperação de informação;
* apresentação e divulgação de informação.

Cada um dos elementos citados pode ser considerado como pontos de controle.

Figura 4.1 Ambiente de um sistema de informação

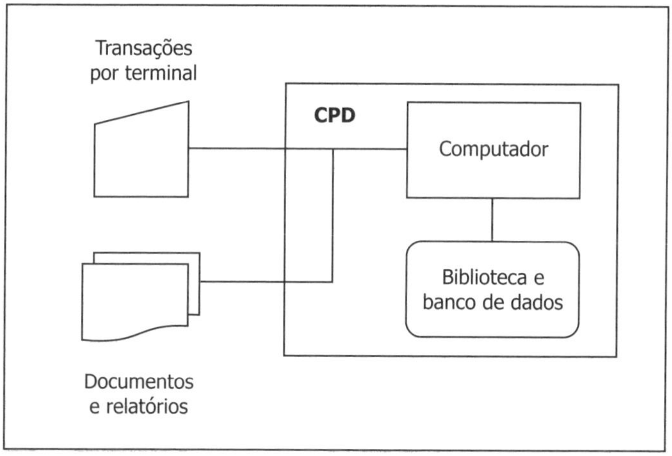

Fonte: ARIMA, 1994.

4.3.3.1 Inventário dos pontos de controle em sistemas de modalidade *batch*

A modalidade de processamento *batch* caracteriza-se no acúmulo de dados de transação e respectivo agrupamento por lotes para serem processados de uma só vez. As fases de operação podem ser identificadas conforme a Figura 4.2.

Figura 4.2 Fluxograma do sistema de modalidade *batch*

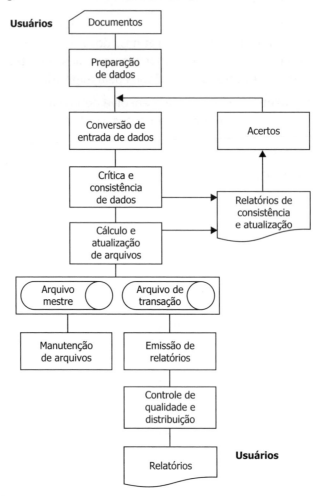

Fonte: ARIMA, 1994.

No sistema de modalidade *batch,* podem ser identificados os seguintes pontos de controle:

- documentos de entrada;
- rotina de preparação de dados;
- rotina de conversão e entrada de dados;
- rotina de crítica e consistência de dados;
- rotina de cálculo e atualização de arquivos;
- rotina de acerto de erros de consistência e atualização;
- arquivo mestre;

- arquivo de transação;
- rotina de manutenção de arquivos;
- rotina de emissão de relatórios;
- rotina de controle de qualidade e de distribuição de relatórios;
- relatórios de saída.

4.3.3.2 Inventário dos pontos de controle em sistemas de modalidade *on-line real time*

Esta modalidade diz respeito a um processamento interativo por meio do qual um terminal, ou micro, ou outro dispositivo qualquer de entrada de dados, está conectado diretamente ao computador central, e os dados e as informações são colocados à disposição do usuário num rápido intervalo de tempo, por meio de seus respectivos programas. As fases de operação são apresentadas na Figura 4.3.

No sistema de modalidade *on-line real time*, podem ser identificados os pontos de controle a seguir.

- Rotina de senha de autorização a acesso ao banco de dados.
- Rotina de transação e atualização de banco de dados, constituído de:
  - entrada de dados;
  - crítica e consistência de dados;
  - cálculo e atualização de banco de dados.
- Banco de dados.
- Arquivo *log*.
- Rotina de manutenção de banco de dados.
- Rotina de consulta e/ou emissão de relatórios.
- Telas e relatórios.

Cada um desses pontos de controle pode ser desmembrado em outros tantos pontos, assim como mais de um ponto de controle pode ser reunido num único ponto, conforme a conveniência do desenvolvimento do trabalho de auditoria operacional e de sistemas. Portanto, não há um critério predefinido nesses casos. Sendo assim, cabe ao comum acordo dos elementos do grupo de coordenação estabelecer os pontos que merecem ser avaliados e validados pela auditoria.

Figura 4.3 Fluxograma do sistema *on-line real time*

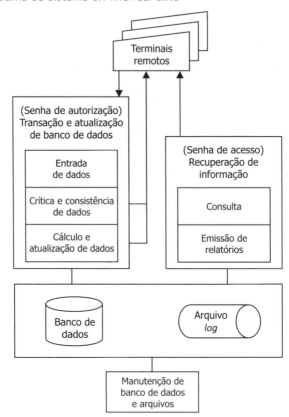

Fonte: ARIMA, 1994.

4.3.4 Eleição e seleção dos pontos de controle

Tendo em vista que são poucos os ambientes dos sistemas de informação de pequena dimensão e que os recursos disponíveis para auditoria são muitas vezes escassos, há necessidade de avaliar o sistema aplicando o conceito estatístico de amostragem dos pontos de controle.

Sendo assim, torna-se necessária a aplicação da análise de risco de todos os pontos de controle inventariados, cujo método consiste em saber, com antecedência, quais ameaças prováveis e o impacto que a interrupção dos processos do ambiente do sistema pode causar sobre os negócios.

Em função da existência de ameaças, o grupo de coordenação deve avaliar o grau de risco de cada ponto de controle para definir as prioridades na execução da auditoria dos pontos de controle inventariados.

Capítulo 4 Métodos, técnicas e apliações de auditoria operacional e de sistemas **155**

Conforme a Tabela 4.3, cada membro do grupo de coordenação pode elaborar uma matriz de risco, analisando cada ponto de controle com as escalas de probabilidade de ocorrência das ameaças e as medidas de impacto nos negócios apresentados no item 4.2.4.

Tabela 4.3 Matriz de risco

Pontos de controle	Controle interno	Probabilidade	Impacto	Risco
1. Rotina de consistência de dados	Segurança lógica	3	3	9
2. Rotina de atualização de arquivos	Segurança lógica	3	4	12
3. Arquivo mestre	Fidelidade	4	4	16
4. Arquivo de transação	Fidelidade	4	2	8
5. Rotina de emissão de relatórios	Segurança lógica	2	2	4

Fonte: elaborada pelos autores.

Uma vez apurada a matriz de risco pelos membros do grupo de coordenação, pode-se estabelecer as prioridades de realização do trabalho de auditoria dos pontos de controle do maior para o menor grau de risco, levando-se em consideração a disponibilidade de recursos em geral para sua viabilização. Em determinadas situações, pode ocorrer a ausência de recursos humanos que permitam a execução de alguns tipos de testes e exames pela complexidade de alguns dos pontos de controle eleitos e selecionados. Neste caso, muitas vezes, há necessidade de postergar o trabalho de auditoria desses pontos de controle na ocasião da segunda auditoria.

4.3.5 Revisão e avaliação dos pontos de controle

A etapa corresponde à auditoria propriamente dita, ou seja, revisar e avaliar, por meio de exames, os pontos de controle selecionados. O exame é efetuado com a aplicação das técnicas de auditoria, segundo parâmetros de controle interno determinados, cujo resultado levará à validação ou detecção de fraquezas de controle interno.

Tendo em vista o objetivo da auditoria, de efetuar a revisão e a avaliação do controle interno de determinado sistema de informação em processamento eletrônico de dados, é necessário que se obtenham evidências concretas com relação aos pontos de controle testados e examinados.

Tais evidências podem ser obtidas por meio da aplicação das ferramentas e técnicas de auditoria de sistemas, como mostra a Figura 4.4.

Figura 4.4 Organização das técnicas para auditoria de sistema de informação computadorizado

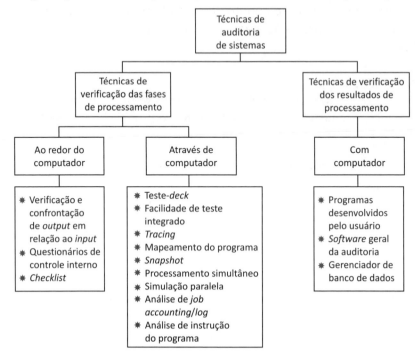

Fonte: ARIMA, 1990.

Seguindo a estrutura da organização das técnicas de auditoria de sistemas apresentada na Figura 4.4, passaremos a descrever algumas das técnicas mais utilizadas pelos auditores.

4.3.5.1 Método de auditoria "ao redor" do computador

Constitui-se numa simples análise comparativa dos dados de entrada e das informações de saída dos processos do computador com a elaboração da mesma tarefa por meio manual.

Tal procedimento não é tão apropriado para sistemas computadorizados sofisticados, porém é bastante conveniente para sistemas menores, em que a maior parte das atividades de rotina é executada manualmente.

- **Verificação *in loco***

    O método implica a observação pessoal do auditor de sistemas das atividades e/ou instalação da área auditada. Podem ser adotados os procedimentos a seguir:

    * marcar, antecipadamente, a data e a hora com a pessoa responsável que acompanhará as verificações, ou convocá-la no momento da verificação, caso o fator surpresa seja necessário;

Capítulo 4 | Métodos, técnicas e apliações de auditoria operacional e de sistemas

* anotar os procedimentos, acontecimentos e outras situações observadas, e caso necessário, elaborar uma representação gráfica da situação, como fluxo da rotina, *layout* da instalação etc.;

* anotar o nome completo das pessoas que prestaram depoimentos e respectivas data e hora em que ocorreram;

* analisar e avaliar os resultados obtidos; caso necessário, voltar ao início deste procedimento.

Esta técnica permite a identificação de problemas operacionais e/ou de controle por meio do contato direto com os executantes das tarefas. A presença do auditor, muitas vezes, pode modificar o comportamento das pessoas envolvidas no processo. Além disso, a técnica não possibilita a observação de todas as situações possíveis, tais como sazonalidade, picos etc.

O auditor de sistemas deve ter conhecimentos em processamento eletrônico de dados, procedimentos e controles de operação e estrutura e organização do ambiente de TI.

* **Questionários**

Os questionários para auditoria de sistemas são constituídos de um conjunto de perguntas que visam avaliar e validar determinado ponto de controle componente de um sistema de informação computadorizado, de acordo com os parâmetros de controle Interno, ou seja, segurança física, segurança lógica, confidencialidade, eficácia, eficiência etc.

Podem ser adotados os procedimentos a seguir:

* analisar o ponto de controle a ser auditado e elaborar as questões conforme os parâmetros de controle interno predeterminados;

* selecionar as pessoas que deverão responder ao questionário;

* elaborar um conjunto de instruções de como responder ao questionário;

* distribuir o questionário às pessoas selecionadas;

* controlar o recebimento ou não dos questionários respondidos;

* analisar e avaliar os resultados obtidos; caso contrário, voltar ao início deste processo.

As vantagens desta técnica é que ela possibilita interrogar várias pessoas simultaneamente, sem o deslocamento do auditor, e permite diagnosticar pontos relevantes para serem, posteriormente, validados com maior profundidade. A opinião do auditor é emitida com base em declaração por escrito da área auditada.

Alguns dos aspectos que devem ser observados são: possibilidade de interpretações subjetivas tanto para as questões como para as respostas, permissão de somente uma análise "fria", ou seja, não contempla todas as variáveis ou situações que um problema pode apresentar e, geralmente, ocorrem atrasos na devolução dos questionários respondidos pela área auditada.

Quanto à formação dos auditores de sistemas, é preciso que eles tenham conhecimentos em processamento eletrônico de dados, procedimentos e controles de operação e estrutura e organização do ambiente de processamento de dados.

Os Quadros 4.4 a 4.8 apresentam os modelos de questionários a serem aplicados para sistemas de informação em produção.

Quadro 4.4 Questionário para avaliação dos controles internos

QUESTIONÁRIO PARA AVALIAÇÃO DE CONTROLE INTERNO				
Sistema de aplicação				
N.	Ponto de controle 1. Controle de entrada de dados em *batch*	Sim ou N/A	Não	Ref.	Observações
01	Os documentos das transações de sistemas de informação são produzidos pelo usuário?				
02	Existe controle da recepção de documentos de transações de sistemas de informação no CPD?				
03	Existe controle de envio de documentos de transações à área usuária?				
04	É feito confronto dos totais de controle dos documentos enviados com os processados?				
05	Os documentos fontes originados pelos usuários são pré-numerados ou numerados manualmente?				
06	Os números dos documentos fontes fazem parte do controle de *hash totals*?				
07	Todos os números de conta ou de registro, sejam pré-impressos ou manuscritos, contêm um digito de autocontrole?				
08	Existe um controle adequado de documentos fontes no CPD que evite a perda deles?				
09	Existe uma instrução geral que proíba correções em documento fonte por parte do pessoal do CPD?				

Legenda: N/A = não aplicável.

Fonte: ARIMA, 1994.

Capítulo 4 — Métodos, técnicas e apliações de auditoria operacional e de sistemas

Quadro 4.5 Questionário para avaliação dos controles internos

QUESTIONÁRIO PARA AVALIAÇÃO DE CONTROLE INTERNO				
Sistema de aplicação				
N. / Ponto de controle / 2. Controle de acesso ao sistema	Sim ou N/A	Não	Ref.	Observações
01 O sistema de informação está preparado para não permitir o acesso indevido de pessoas não habilitadas?				
02 Existe no sistema um esquema especial de senhas/*passwords* de forma hierarquizada de acesso às suas bases de dados?				
03 Existe rotina e procedimentos estabelecidos para atribuição ou modificação do nível de acesso?				
04 Na medida do possível, senhas únicas são atribuídas a usuários individuais?				
05 Os usuários são responsáveis por atividades com sua senha?				
06 Os números dos documentos fontes fazem parte do controle de *hash totals*?				
07 Existe um *software* de controle de acesso em uso (ou outro restrito), na amplitude possível, pelo sistema operacional para possibilitar acessos de usuários somente aos recursos computadorizados necessários para executar suas funções de trabalho?				
08 Senhas/*passwords* são sujeitas a tamanho mínimo, mudanças periódicas e convenções apropriadas?				

Fonte: ARIMA, 1994.

Quadro 4.6 Questionário para avaliação dos controles internos

QUESTIONÁRIO PARA AVALIAÇÃO DE CONTROLE INTERNO				
Sistema de aplicação				
N. / Ponto de controle / 3. Controle de processamento do sistema	Sim ou N/A	Não	Ref.	Observações
01 O sistema de informação fornece relatórios intermediários de controle de entrada, processamento e saída?				
02 Os totais de controle fornecidos pelo sistema de informação são conferidos com os totais mantidos pelos usuários?				

Fonte: ARIMA, 1994.

Quadro 4.7 Questionário para avaliação dos controles internos

	QUESTIONÁRIO PARA AVALIAÇÃO DE CONTROLE INTERNO				
	Sistema de aplicação				
N.	Ponto de controle 4. Controle de distribuição de relatórios	Sim ou N/A	Não	Ref.	Observações
01	Existe um catálogo de relatórios produzidos pelo sistema de informação que estabeleça o grau de sigilo, responsabilidade e distribuição de cada um?				
02	Existe controle de envio de relatórios emitidos pelo computador aos usuários?				
03	Existe um esquema especial de entrega de relatórios confidenciais aos usuários?				
04	Há segurança dos relatórios confidenciais que transitam entre departamentos?				
05	Existe medida de segurança adequada para proteger relatórios confidenciais contra atos de investigações não autorizadas, de cópia ou de furto?				

Fonte: ARIMA, 1994.

Quadro 4.8 Questionário para avaliação dos controles internos

	QUESTIONÁRIO PARA AVALIAÇÃO DE CONTROLE INTERNO				
	Sistema de aplicação				
N.	Ponto de controle 5. Documentação	Sim ou N/A	Não	Ref.	Observações
01	O sistema de informação está documentado dentro do critério mínimo necessário para operação e manutenção?				
02	Os manuais com instruções para operação contêm informação necessária para rodar o sistema?				
03	Os manuais do usuário são aprovados pelos departamentos que utilizam o sistema?				
04	Nos manuais dos usuários estão claramente definidos os controles a serem exercidos por eles?				

Fonte: ARIMA, 1994.

Capítulo 4   Métodos, técnicas e apliações de auditoria operacional e de sistemas

* **Entrevistas**

    Consiste em realizar reuniões entre o auditor de sistemas e as pessoas envolvidas no ponto de controle a ser auditado, objetivando revisar e avaliar o grau de controle existente. Podem ser adotados os procedimentos a seguir:

    * analisar o ponto de controle a ser auditado e identificar as pessoas envolvidas;
    * elaborar um *checklist* ou roteiro para realização da entrevista;
    * marcar, antecipadamente, data, hora e local com as pessoas que serão entrevistadas;
    * anotar as respostas e os comentários dos entrevistados a cada questão apresentada;
    * elaborar uma ata da reunião realizada, ressaltando os principais pontos discutidos em cada questão apresentada e distribuir uma cópia para cada participante da entrevista;
    * analisar e avaliar os resultados obtidos; caso contrário, voltar ao segundo item deste processo.

    Este método pode ser aplicado em qualquer tipo de ponto de controle, devendo ser utilizado, com prioridade, tanto antes como depois, como técnica complementar à aplicação das demais técnicas. Além disso, permite maior rapidez na avaliação do ponto de controle e possibilita esclarecimentos de aspectos duvidosos ou polêmicos. A opinião do auditor é expressa com base na palavra do auditado, possibilitando interpretações subjetivas tanto para as questões como para as respostas.

    Requerem do auditor de sistemas conhecimentos em processamento eletrônico de dados, procedimentos e controles de operação e estrutura e organização do ambiente de processamento de dados.

4.3.5.2 Método de auditoria "através" do computador

Implica a identificação, a análise e o teste dos pontos de controle interno do sistema de informação em nível computadorizado.

* ***Test-deck***

    Esta técnica tem por objetivo obter evidências materiais de que um sistema e seus controles estão operando conforme a documentação apresentada.

    O *test-deck* verifica e testa os procedimentos contidos nos programas componentes do sistema de informação, porém não testa o resultado dos dados processados por esses mesmos programas.

A aplicação do *test-deck* pode ser efetuada da seguinte forma:

* identificação e caracterização do ponto de controle do sistema a ser auditado;
* entendimento dos procedimentos do ponto de controle do sistema por meio da análise de sua documentação;
* seleção e determinação das rotinas dos programas do sistema que serão avaliados, segundo objetivos da auditoria do ponto de controle definidos no início do trabalho;
* preparação de dados para o teste das rotinas dos programas determinados anteriormente;
* conversão dos dados de teste para um meio computadorizado;
* processamento dos dados de teste nos programas de computador componentes do sistema de informação;
* análise das informações obtidas na aplicação dos dados de teste e avaliação da operação das rotinas dos programas determinados na ocasião da análise da documentação do sistema em relação aos objetivos da auditoria do ponto de controle;
* formação de um consenso para emissão de opinião quanto à validade das rotinas dos programas;
* avaliação do grau de controle interno do sistema segundo objetivos traçados no início do trabalho de auditoria.

A técnica é fácil de entender, pois os dados podem ser criados por pessoas com pouca experiência técnica.

Uma possível dificuldade é: criação de ambientes de testes por falta de espaços em discos magnéticos, arquivos auxiliares etc. E para que se possa testar determinado programa de um fluxo com muitos outros programas, a técnica pode requerer a execução de *jobs* anteriores para criação da situação desejada.

Quanto à formação do auditor de sistemas, ele necessita de conhecimentos em processamento eletrônico de dados e procedimentos e controles de operação.

* ***Tracing***

A aplicação desta técnica implica rastrear as instruções do programa de computador, acionadas no processamento de determinada transação. Ela possibilita seguir o caminho de uma transação durante o processamento do programa, mostrando quais instruções foram executadas e em que ordem.

* ***Mapping***

A técnica requer o mapeamento estatístico das várias rotinas componentes de um programa de computador, mostrando a quantidade de utilização de determinadas rotinas em dado processamento e também as rotinas não utilizadas. Após a execução do programa, lista as instruções e as rotinas não utilizadas e determina a frequência daquelas executadas para análise da eficiência do programa.

- *Snapshot*

O *snapshot* é uma técnica que possibilita a visualização das partes da memória do computador onde há elementos dos dados utilizados pelo processo de decisão, ao mesmo tempo que a decisão é tomada. Tais resultados são impressos nos relatórios para fins de reconstrução do processo de tomada de decisão. Fornece uma posição do conteúdo das variáveis do programa, tais como acumuladores, chaves, áreas de armazenamento etc. Durante a execução, apresenta a quantidade de posições a ser extraída e predeterminada.

As três técnicas, ou seja, *tracing*, *mapping* e *snapshot*, podem ser usadas separadamente ou em conjunto. Para isso, é necessário que as facilidades proporcionadas por elas estejam embutidas no sistema operacional utilizado, caso contrário, serão necessários *softwares* especiais adicionais.

A utilização das técnicas citadas requer que instruções específicas sejam acrescentadas aos programas de produção. Sendo assim, exigem profundo conhecimento do processamento eletrônico de dados, tais como programação, análise de sistemas e procedimentos de controle de operação, por parte do auditor de sistemas. Essas técnicas geralmente são utilizadas para depurar programas quando uma condição está causando problemas.

- **Análise de *job accounting/log***

Job accounting ou *log* é um arquivo de informação que, uma vez tabulado e tratado adequadamente, serve para caracterizar e analisar a utilização do computador com relação a programas e arquivos do sistema de informação.

Existem dois tipos de *job accounting* ou *log* de interesse do auditor: os registros de contabilização e os registros de atividade do *data set*. Os primeiros mostram quais usuários usaram quais programas, quantas vezes e por quanto tempo. Além disso, incluem identificação do usuário, características do *hardware* com desempenho do *job* e como foi completado. Os registros de atividade do *data set* providenciam informações acerca de quais arquivos de dados foram usados durante o processamento e quem solicitou o uso do *data set*. As informações contidas nestes registros são nome do *data set*, tamanho do registro, número de série dos volumes e usuários.

4.3.5.3 Método de auditoria "com" computador

Consiste no uso do computador para verificar e testar os dados processados pelo sistema de informação computadorizado.

Esse método implica a elaboração de programas de computador que efetuam teste de prolongamento e condições, seleção e impressão para confirmação e amostras para auditoria, comparação de dados duplicados para consistência, comparação dos dados da auditoria com registros do sistema e análise das amostras da auditoria.

- **Programa de computador**

O programa de computador para auditoria de sistemas poderá ser apresentado sob três formas distintas:

* *software* de auditoria;
* programa utilitário;
* programa específico da auditoria.

Tais programas devem ser utilizados para validar um grande número de situações ou opções de arquivos magnéticos, por meio de classificação e intercalação de registros, cópia de arquivos, análise de arquivos, confrontação de arquivos etc.

A combinação das funções desempenhadas por esses programas possibilita ao auditor de sistemas efetuar a avaliação e a validação dos resultados do processamento de determinado sistema de informações computadorizado. Como exemplo, temos o que segue.

- Programa de análise de arquivo: é um tipo de programa que desempenha as tarefas de soma de dados, seleção de registros, seleção de registros por idade, contagem de registros, cálculo de média, mediana, variância etc. A Figura 4.5 apresenta o fluxograma do referido programa.

Figura 4.5   Fluxograma do programa de análise de arquivos

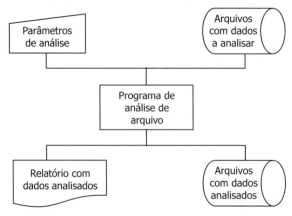

Fonte: SCHMIDT; SANTOS; ARIMA, 2006.

- Programa de confronto de arquivos: é um tipo de programa que compara dois arquivos (1 e 2), dando como resultado:
  * os registros do arquivo 1 que não estão no arquivo 2;
  * os registros do arquivo 2 que não estão no arquivo 1;
  * os registros que estão tanto no arquivo 1 quanto no arquivo 2.

A Figura 4.6 apresenta o fluxograma do referido programa.

Figura 4.6 Fluxograma do programa de confronto de arquivos

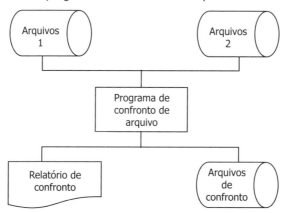

Fonte. SCHMIDT; SANTOS; ARIMA, 2006.

Nenhuma das técnicas mencionadas até o presente momento pode ser tratada isoladamente e considerada como método ideal para efetuar a avaliação completa do sistema de informação computadorizado.

Mesmo aplicando uma combinação de técnicas, elas podem não atingir os objetivos desejados pela auditoria. Devido a essa deficiência e à escassez de recursos técnicos, torna-se necessário que os auditores da área de sistemas continuem pesquisando e desenvolvendo novas técnicas, metodologias e abordagens relativas à revisão e avaliação de controle interno.

O auditor, antes de escolher as ferramentas de auditoria, deve analisar o ponto de controle a ser avaliado em função dos parâmetros de controle interno e estabelecer critérios, considerando a configuração e a característica do sistema de informação a ser auditado. Isto porque a aplicação indevida de certas técnicas não leva a nenhum resultado e existem técnicas inaplicáveis, em certas situações, a esse sistema.

Para cada ponto de controle avaliado que apresentou fraquezas de controle interno, devem ser elaborados relatórios parciais de auditoria no sentido de apresentar antecipadamente os resultados para a tomada de medidas corretivas ou preventivas para eventuais ocorrências de problemas que impliquem erros acidentais ou intencionais, ou fraudes contra o patrimônio.

4.3.6 Conclusão e acompanhamento da auditoria

A etapa constitui a elaboração de relatório final de auditoria, ou seja, relatório de avaliação de controle interno do sistema auditado, bem como organização da respectiva documentação. Esses instrumentos poderão servir de base para o acompanhamento do processo de correção e acerto dos pontos de controle que apresentaram fraqueza de controle interno, e que são transformados em pontos de auditoria. Esses pontos deverão ser avaliados no momento da realização do segundo momento da auditoria, para assegurar a qualidade do respectivo sistema de informação.

4.3.7 Auditoria de acompanhamento

O trabalho de auditoria é cíclico, sendo assim, a auditoria de acompanhamento consiste em realizar a revisão e a avaliação dos pontos de auditoria apresentados no relatório de avaliação de controle interno do sistema auditado anteriormente.

O objetivo desse trabalho é acompanhar a manutenção adequada do controle interno do sistema de informação, que muitas vezes requer revisão e avaliação constante em face do desenvolvimento progressivo da área de TI e dos negócios da empresa. Por conta disso, a todo momento surgem novas ameaças e situações de novas vulnerabilidades, o que faz com que a auditoria busque constantemente a melhoria de qualidade dos controles internos dos sistemas de informação da empresa.

O detalhamento do trabalho de auditoria de acompanhamento está contemplado no item 4.2.7.

Referências

ARIMA, C.H. *Estudo de um modelo metodológico de auditoria de sistemas computadorizados e da sua automatização.* 1990. Tese (Doutorado) – Universidade de São Paulo, São Paulo.

ARIMA, C. H. *Metodologia de auditoria de sistemas.* São Paulo: Érica, 1994.

SCHMIDT, P.; SANTOS, J. L.; ARIMA, C. H. *Fundamentos de auditoria de sistemas.* São Paulo: Atlas, 2006.

capítulo

5

Auditoria do ambiente de tecnologia da informação

5.1 Introdução

A auditoria do ambiente de tecnologia da informação tem por objetivo revisar e avaliar os recursos comuns utilizados no processamento dos diversos sistemas de informação da empresa.

Os principais parâmetros de controle interno considerados para efeito de auditoria do ambiente estão mais relacionados à área de segurança da informação e ao desempenho requerido para o atendimento das necessidades de diversos usuários de tecnologia da informação.

Tratando-se da área de segurança da informação, o mercado tem utilizado a norma de segurança da Associação Brasileira de Normas Técnicas (ABNT) NBR ISO/IEC 27002 – Tecnologia da informação – Técnicas de segurança – Código de prática para a gestão da segurança da informação.[1]

Essa norma tem por objetivo estabelecer diretrizes e princípios gerais para se iniciar, implementar, manter e melhorar a gestão de segurança da informação em uma organização, apresentando 14 seções, 35 objetivos de controle e 114 controles, para que a auditoria possa se basear para a realização das devidas revisões e avaliações do ambiente de tecnologia da informação. As 14 seções, também denominadas domínios, são citadas a seguir.

1. Políticas de segurança da informação.
2. Organização da segurança da informação.

---

[1] ASSOCIAÇÃO BRASILEIRA DE NORMAS TÉCNICAS. *NBR ISO/IEC 27002:* Tecnologia da informação – Técnicas de segurança – Código de prática para a gestão da segurança da informação. Rio de Janeiro, 2013.

3. Segurança em recursos humanos.

4. Gestão de ativos.

5. Controle de acesso.

6. Criptografia.

7. Segurança física e do ambiente.

8. Segurança nas operações.

9. Segurança nas comunicações.

10. Aquisição, desenvolvimento e manutenção de sistemas.

11. Relacionamento na cadeia de suprimento.

12. Gestão de incidentes de segurança da informação.

13. Aspectos da segurança da informação na gestão da continuidade do negócio.

14. Conformidade.

A segurança da informação é baseada em três pilares, que devem ser garantidos para manter a segurança de uma informação.

* Confidencialidade: é a garantia de que a informação seja acessível apenas às pessoas autorizadas. Como exemplo, pense na sua ficha médica. Quem está autorizado a acessá-la?

* Integridade: é a proteção da informação e dos métodos de processamento quanto a modificações não autorizadas. Como exemplo, pense no seu *backup* pessoal. Ele está íntegro e você pode recuperá-lo?

* Disponibilidade: é a garantia de que as pessoas autorizadas tenham acesso às informações. Como exemplo, pense no seu internet *banking*. Você pode acessar as informações que estão lá na hora em que desejar?

Segurança ambiental envolve tanto a segurança física quanto a lógica e abrange uma gama de recursos a serem protegidos perante uma grande diversidade de ameaças existentes no ambiente de tecnologia da informação.

Antes, quando os sistemas eram processados em ambientes centralizados de grande porte, com restrição de acessos físico e lógico, a área de abrangência da segurança era localizada, o que facilitava a proteção do respectivo ativo.

Com o surgimento dos recursos de redes locais e de teleprocessamento, conjugados a uma política de descentralização das atividades funcionais da organização, aumentaram a abrangência e a complexidade dos processos, dificultando o controle do ambiente de sistemas como um todo. Com isso, esses novos recursos tecnológicos e materiais de interligação e integração acabaram se envolvendo com uma infinidade

Auditoria do ambiente de tecnologia da informação

de agentes internos e externos, tais como funcionários, fornecedores, clientes, instituições financeiras, governo etc.

Outro fator causador da dificuldade de controle tem sido a globalização da economia e principalmente das informações, advindo da facilidade de acesso totalmente público via internet. Sendo uma rede pública, surgiram novas ameaças de invasão e de delito aos sistemas processados em diversos ambientes de computação.

Em face aos aspectos anteriormente mencionados, torna-se necessário identificar as ameaças e as medidas de proteção para minimizar o impacto da destruição ou perda dos ativos, como equipamentos, programas de computador e informações do ambiente de tecnologia da informação.

Na sequência, apresentam-se as diversas medidas e contramedidas de proteção, por área de controle de ativos, que podem servir de referência para a avaliação de controle interno por parte da auditoria.

Para desenvolver o processo de revisão, análise e avaliação de controle interno, as áreas de controle de ativos, também denominadas pontos de controle, são exemplificadas nas etapas de levantamento e inventário apresentadas nos métodos do trabalho da auditoria.

Com relação a cada um dos pontos de controle, apresentamos os comentários sobre as melhores práticas de segurança que podem ser aplicadas para fins de auditoria operacional e de sistemas. De acordo com o desenvolvimento dos trabalhos de auditoria, os itens de controle não obedecem à mesma sequência das normas, ou seja, as áreas de controle de ativos não seguem as mesmas seções apresentadas nas normas da ABNT NBR ISO/IEC 27002.[2]

Para a manutenção da uniformidade dos processos metodológicos de auditoria, será apresentada a mesma sistemática de auditoria operacional e de sistemas descrita no capítulo anterior, em que houve a adequação mostrada adiante.

No primeiro momento da auditoria, denominado auditoria de posição, deve ocorrer:

* planejamento do projeto de auditoria do ambiente de tecnologia da informação;
* levantamento e caracterização do ambiente;
* inventário, eleição e seleção dos pontos de controle para auditoria;
* revisão e avaliação dos pontos de controle eleitos;
* elaboração do relatório de avaliação de controle interno e de auditoria para fins de emissão da opinião da auditoria.

---

[2] ABNT, 2013.

No segundo momento, será realizada a auditoria de acompanhamento, que consiste em revisar e avaliar as recomendações e verificar a efetiva aplicação dos controles apresentadas no relatório de auditoria na auditoria de posição.

5.2 Planejamento do projeto de auditoria do ambiente de tecnologia da informação

A auditoria inicia-se com a formação de um grupo de coordenação para abertura do projeto, por meio de uma reunião preliminar com os responsáveis da área de tecnologia da informação e demais áreas usuárias envolvidas com a informática, determinando as diretrizes administrativas e operacionais do projeto. Elaboram--se os planos de ação com o cronograma de execução, dimensionam-se os recursos necessários em termos de horas/homem de técnicos e auditores, horas de computador, *software* etc., e apresenta-se o respectivo orçamento. Neste momento, deve-se preocupar em formar o grupo de execução compatível com as necessidades de desenvolvimento do respectivo projeto.

5.3 Levantamento e caracterização do ambiente

Esta etapa refere-se ao levantamento da infraestrutura das áreas relacionadas com a tecnologia da informação, tais como:

* inventário dos recursos de hardware, tanto *mainframe* como micros, redes, equipamentos auxiliares e contratos de *leasing*, assistência técnica etc.;
* inventário dos recursos tecnológicos de *software* básico e suporte aos aplicativos, banco de dados, redes, telecomunicações e respectivos contratos;
* recursos humanos, cargos e funções;
* normas e procedimentos administrativos e operacionais da área;
* fluxo de procedimentos operacionais e de controle;
* sistema de apuração e distribuição de custos;
* controle de utilização dos recursos computacionais e tecnológicos para diversas áreas, tanto internas quanto externas, envolvidas com a organização.

Toda a documentação dos dados levantados deve fazer parte da pasta denominada permanente, constituindo-se no primeiro arquivo de papéis de trabalho da auditoria. Esses dados podem estar representados tanto de forma descritiva como gráfica, assim como podem existir documentos, formulários, planilhas e relatórios utilizados no ambiente de tecnologia da informação.

5.4 Identificação, inventário, eleição e seleção dos pontos de controle para auditoria

Esta etapa consiste em identificar os ativos e bens tangíveis e intangíveis do ambiente de tecnologia da informação que devem ser examinados pela auditoria, para fins de revisar e avaliar o controle interno, conforme os parâmetros estabelecidos pela alta administração em conjunto com o grupo de coordenação. Portanto, aplicando o conceito de pontos de controle, pode-se estabelecer, por áreas que requerem o controle de ativos e/ou bens existentes no ambiente de tecnologia da informação, o que apresentamos no momento em forma de exemplos preliminares, de dez pontos de controle:

1. **Infraestrutura física**

   A infraestrutura física envolve todos os ativos de tecnologia da informação, tais como equipamentos (*hardware*), programas de computador (*software*), informações, recursos humanos e tecnológicos, instalações etc., cujo objetivo é a manutenção de controle adequado dos bens e ativos tangíveis e intangíveis da empresa.

2. **Organização funcional e tecnológica do ambiente**

   A organização funcional e tecnológica do ambiente refere-se aos subitens de organização da segurança, políticas de segurança e de pessoal e planejamento estratégico em tecnologia da informação. Além disso, a área em questão envolve a aplicação e o controle adequado das normas e dos procedimentos estabelecidos nos processos da organização. Consiste, basicamente, em assegurar proteção, divulgação e uso das informações referentes a políticas, diretrizes, organização, serviços etc. de forma sistematizada, criteriosa e segmentada.

3. **Segurança ambiental e fatores humanos**

   Este ponto de controle consiste em controlar e manter a segurança do ambiente de tecnologia da informação e de recursos humanos de tal sorte que garanta o bom andamento das atividades da organização, bem como assegurar a adequada qualidade e produtividade do trabalho das áreas de influência da informática.

4. **Planos de segurança e de contingência**

   A segurança de tecnologia da informação contempla duas medidas que permitem manter a proteção dos ativos da organização. Essa proteção deve ser formalizada por meio dos dois planos de segurança e de contingência. O primeiro é constituído de normas e procedimentos de segurança preventiva e detectiva, enquanto o segundo contém as instruções de segurança corretiva e de restauração do ambiente de tecnologia da informação.

5. **Segurança física e lógica de mídias magnéticas**

   Este ponto de controle consiste em proteger e garantir a segurança das mídias magnéticas, que contêm os programas de computador e os arquivos de sistemas vitais aos negócios da organização. Envolve a manutenção das cópias de segurança das mídias magnéticas, bem como a segurança lógica dos processos de controle em tirar as cópias e recuperar informações na ocasião da perda de arquivos magnéticos dos sistemas computadorizados.

6. **Redes, teleprocessamento e microinformática**

   Esta área de controle consiste em assegurar a proteção de redes de comunicação entre os computadores, teleprocessamento e microinformática. Em face da evolução dos negócios entre as empresas e a dependência cada vez maior da tecnologia de comunicação, tornam-se essenciais o bom funcionamento e um controle de acesso eficaz de toda a rede corporativa para minimizar os impactos que podem causar prejuízos na ocasião da ocorrência de algum incidente indesejado.

7. **Ambiente *web* ou internet**

   O ambiente *web* abrange as redes internet, intranet e extranet, sendo a internet, como rede pública, o ponto mais vulnerável do contexto de proteção do ambiente da tecnologia de informação. O ponto de controle é constituído de ambiente tecnológico da rede e de aplicações do comércio eletrônico.

8. **Controle de operação e de uso de recursos tecnológicos**

   Este ponto de controle consiste na utilização adequada de *hardware* e *software* com o objetivo de assegurar a utilização eficiente, eficaz e segura dos equipamentos de computação e respectivos *softwares* nas diversas áreas usuárias beneficiadas pela tecnologia da informação da organização. O controle da área corresponde a verificar a melhor forma de distribuição de recursos tecnológicos no ambiente em relação à necessidade de utilização intensa ou não de determinados usuários, cujo desbalanceamento pode provocar problemas de segurança e eficiência operacional dos sistemas de informação.

9. **Controle de acesso físico e lógico**

   O controle de acesso ao ambiente de tecnologia da informação é apresentado em duas situações: uma de caráter físico, referente às instalações, e outra lógica, concernente aos sistemas operacionais e de informação da organização.

10. **Banco de dados e sistemas de informação**

    Este ponto de controle trata do controle de estabelecimento de critérios de classificação de informação e de sistemas, monitoramento de manutenção

Capítulo 5 Auditoria do ambiente de tecnologia da informação

de sistemas de informação e controle da documentação, de forma global, das aplicações existentes no ambiente de tecnologia da informação.

Após o inventário dos pontos de controle citados, parte-se para a seleção daqueles adequados à avaliação, por meio da aplicação do método de análise de risco, conforme apresentado no item 4.2.4 do **Capítulo 4**. Esse método possibilita estabelecer prioridades dos pontos de controle que merecem ser examinados com certa urgência pela auditoria, em face das ameaças em potencial que podem estar presentes no ambiente de tecnologia da informação.

5.5 Avaliação dos pontos de controle eleitos

A avaliação consiste em elaborar e aplicar os programas de auditoria para cada ponto de controle eleito na etapa anterior. Deste programa devem constar os procedimentos a serem aplicados, tais como entrevistas, questionários, verificação *in loco* etc., para a validação dos respectivos pontos de controle.

5.5.1 Infraestrutura física

Tendo em vista que este ponto de controle pode abranger seis pontos de segurança, ou seja, detectores, sistemas de alarme, extintores, localização física, instalação elétrica e sala do computador principal e/ou servidor, a auditoria deve examinar os aspectos de segurança a seguir.

* Detectores:
  * existência de detectores de fumaça, aumento de calor, umidade ou temperatura;
  * instalação abaixo do piso elevado e acima do teto;
  * instalação próxima dos equipamentos sensíveis aos fatores de umidade e de temperatura;
  * painel de controle de detecção de sinistro devidamente monitorado pelo responsável de segurança, com controle de ação no ambiente de informática;
  * teste periódico dos detectores e de painel de controle;
  * passagem do sistema automático para manual ou vice-versa.
* Sistemas de alarme:
  * existência de sistema de alarme próprio independente do alarme da fábrica, prédio e outras instalações;
  * possibilidade de ser ouvido em todas as dependências da empresa;
  * operação manual em locais estratégicos;
  * teste periódico do sistema.

- Extintores:
  - existência de um ou mais sistemas de combate a incêndio, tanto manual quanto de ação automática;
  - suficiência da quantidade de extintores para cada tipo de incêndio em lugares estratégicos e devidamente identificados;
  - realização de revisão periódica dos extintores de incêndio e evidência de ter sido testado recentemente;
  - necessidade de um controle manual que restrinja a ação dos extintores automáticos até a saída dos funcionários;
  - adequação do posicionamento dos bicos *sprinklers* dos extintores automáticos, em caso de alteração do *layout* da sala;
  - recarga regular dos extintores e verificação das boas condições de uso e operação;
  - todas as pessoas deverão estar devidamente treinadas e aptas para a utilização dos extintores.
- Localização física:
  - as centrais de informação, onde ficam localizados os principais equipamentos de tecnologia da informação, devem estar distantes das áreas de risco, como almoxarifado com materiais inflamáveis, caldeiras, depósitos de óleo, gasolina, linha de transmissão de alta tensão etc.;
  - possibilidade de isolamento das centrais de informação do fogo, calor, vapores e gases venenosos como consequência de incêndio de prédio vizinho ou andares acima e abaixo.
- Instalação elétrica:
  - existência de luz de emergência nas dependências do ambiente de tecnologia da informação;
  - instalações elétricas em conduítes diferentes dos cabos de transmissão de dados;
  - sistema elétrico do servidor do centro de informação independente do restante das instalações;
  - existência de comutadores independentes para cada equipamento com identificação;
  - existência de fio-terra devidamente instalado.
- Sala do computador principal e/ou servidor:
  - adequação da limpeza da sala do computador e/ou servidor, de modo a proteger os equipamentos contra danos originados por pó e areia;
  - existência de estabelecimento de norma de proibição de fumar nas salas de computação e/ou servidor;

Capítulo 5 Auditoria do ambiente de tecnologia da informação

* restrição ao armazenamento de papéis, listagens, fitas, materiais de limpeza, acessórios e demais materiais nocivos aos equipamentos, na sala do computador e/ou servidor.

5.5.2 Organização funcional e tecnológica do ambiente

Considerando que a organização funcional e tecnológica do ambiente pode envolver os pontos correspondentes à organização da segurança, política de segurança, política de pessoal e planejamento estratégico em informática, a auditoria deve observar os aspectos a seguir.

* Organização da segurança:
  * constituição do comitê de segurança composto de membros da alta administração, com a responsabilidade estratégica de direcionar as atividades de segurança do ambiente de tecnologia da informação;
  * designação de oficial de segurança, que pode ser um ou mais especialistas em segurança, com a responsabilidade de planejar, organizar, executar e controlar as atividades de segurança do ambiente de tecnologia da informação.
* Política de segurança:
  * divulgação formal da política de segurança aos funcionários, terceiros e prestadores de serviços;
  * monitoramento de adoção, cumprimento, atualização e acompanhamento da política de segurança determinada pela alta administração;
  * assinatura de "termo de compromisso" relacionado à confidencialidade das informações, códigos de identificação, senhas de acesso, utilização de ativos, responsabilidades quanto à segurança e ciência das punições para os casos de não aderência às políticas, com envolvimento direto do departamento jurídico na ocasião de sua elaboração.
* Política de pessoal:
  * segregação de funções, permitindo a separação de responsabilidades incompatíveis e segurança na atribuição de tarefas;
  * separação do ambiente de desenvolvimento e manutenção de sistemas dos analistas e programadores em relação à área de produção de sistemas aplicativos dos usuários finais;
  * existência de regulamento que proíbe a operação dos sistemas de aplicação e acesso ao banco de dados de produção por parte de analistas e programadores;
  * existência de um esquema de controle do trabalho dos operadores dos sistemas;
  * existência de um esquema rotativo de tarefas e treinamento de pessoal para evitar dependência de execução de atividades;

* verificação do passado, na ocasião de seleção e avaliação de novos funcionários;
* possibilidade de interrupção do trabalho dos funcionários imediatamente após a decisão de dispensa;
* possibilidade de alocação de tarefas vitais do sistema a funcionários recém--contratados;
* existência de um regulamento que exija a prévia autorização da gerência para que os empregados possam trabalhar no ambiente de informática fora do expediente normal;
* aplicação do processo disciplinar quanto à violação de políticas de segurança.
* Planejamento estratégico em informática:
  * existência do plano diretor de automatização e de informatização aderente ao plano estratégico da empresa;
  * monitoração, revisão e ajuste periódico do plano;
  * clareza nas prioridades de atendimento às necessidades da área de informática.

5.5.3 Segurança ambiental e fatores humanos

O ponto de controle referente à segurança ambiental e aos fatores humanos contempla os aspectos correspondentes à segurança física e lógica do ambiente de tecnologia da informação e à contingência e fatores humanos de segurança em informática, em termos de auditoria. Neste caso, devem ser observados os aspectos a seguir.

* Segurança física e lógica do ambiente de tecnologia da informação:
  * segurança 24 horas, com realização de rondas por vigias, monitoração do ambiente com câmeras, detectores e alarmes;
  * verificação do trancamento das portas de acesso ao ambiente de tecnologia da informação, especialmente nos turnos da noite, domingos e feriados;
  * inventário periódico e registro atualizado das principais chaves do centro de informação em poder dos funcionários;
  * monitoração e respostas a incidentes e mau funcionamento dos dispositivos de segurança;
  * cobertura de seguro das instalações e dos equipamentos de tecnologia da informação;
  * revisão e conferência dos contratos de compra e venda de serviços e equipamentos de tecnologia da informação por parte do departamento jurídico, para resguardo contra fraude, proteção dos interesses do proprietário, definição dos critérios para aceitação e provimento de garantia de qualidade.

Capítulo 5 Auditoria do ambiente de tecnologia da informação

* Contingência:
  * existência de instruções de segurança sobre o que fazer, bem como treinamento e preparação do pessoal de segurança, para aplicar essas instruções em caso de sinistro;
  * facilidade de acesso de guardas e/ou vigias aos telefones, com a disponibilidade de uma lista de números de telefones de emergência atualizados, tais como polícia, bombeiro, médico, serviço de segurança e gerentes/responsáveis, inclusive nos domingos e feriados;
  * existência de regulamentos impressos e revisão formal e periódica de planos para emergência e desastres, políticas, procedimentos e programas de segurança, elaborados pela gerência, com distribuição de cópias ou disposição para fácil acesso de todo o pessoal envolvido no ambiente de tecnologia da informação;
  * existência de regulamentos penais estabelecidos contra a violação, concernentes a importantes medidas de segurança e práticas de proteção.
* Fatores humanos de segurança em informática:
  * existência de um programa de conscientização sobre a segurança, aplicado regularmente junto aos funcionários da empresa;
  * treinamento periódico e contínuo do pessoal em termos de segurança, prevenção e combate a incêndio, assuntos técnicos, administrativos e comportamentais etc.;
  * existência de um plano geral para a reação de todo o pessoal envolvido com a tecnologia da informação em caso de emergência;
  * identificação de responsabilidades com relação à segurança dos ativos e informações da empresa.

5.5.4 Planos de segurança e de contingência

O referido ponto de controle consiste na formalização de todo o processo de segurança e de contingência da organização. Sendo assim, a auditoria deve observar os aspectos descritos na sequência.

* Plano de segurança:
  * objetividade e clareza na prevenção e detecção de sinistros;
  * controle e obediência às normas de segurança por parte dos usuários envolvidos;
  * existência de esquemas de manutenções preventivas com respaldo contratual para os equipamentos de tecnologia da informação;

- cópias de programas e arquivos vitais de sistemas de informação guardadas em locais independentes da área de computação;
- teste regular e periódico da adequação do plano de segurança.

- Plano de contingência:
  - identificação do pessoal responsável e predeterminado para a aplicação do plano de contingência;
  - comunicação aos responsáveis pelo plano de contingência com referência a alterações que comprometam a utilização do "*site*" alternativo;
  - existência de provisões de facilidades de reserva de tecnologia da informação com outros usuários em caso de quebra ou instabilidade de equipamentos correspondentes;
  - compatibilidade de sistemas operacionais ou *software* com as instalações de outros usuários;
  - clareza nas prioridades de ativação das funções dos sistemas de informação em caso de sinistro;
  - verificação da adequação de rotinas para reconstrução de arquivos magnéticos;
  - explicação detalhada para a correção e restauração do ambiente de tecnologia da informação, em termos de *hardware* e *software*;
  - revisão e teste regular e periódico do plano de contingência.

5.5.5 Segurança física e lógica de mídias magnéticas

Este ponto de controle consiste em proteger as mídias magnéticas, como programas e arquivos de sistemas vitais, tanto em termos de segurança física quanto lógica. Sendo assim, a auditoria deve observar os aspectos a seguir.

- Armazenamento de mídias magnéticas de segurança:
  - salvaguarda de mídias magnéticas de segurança fora das instalações físicas do ambiente de informática em prédio distinto e distante da empresa;
  - existência de cofres para proteger arquivos magnéticos críticos no ambiente de informática;
  - armazenamento das mídias magnéticas em locais de acesso restrito;
  - adequação na identificação, no transporte e na guarda das mídias magnéticas em ambiente apropriado.
- Procedimentos de *backup*:
  - existência de procedimentos de tirar cópias *backup* de programas e arquivos de sistemas vitais com periodicidade estabelecida;

Capítulo 5 Auditoria do ambiente de tecnologia da informação

* controle de cumprimento das normas e procedimentos de *backup*;
* controle e supervisão da gerência sobre o acesso e o uso de *backup* que não possa ser substituído, a fim de assegurar a não destruição e que uma nova cópia seja tirada antes do uso deste último *backup*;
* adequação na identificação de *backup* dos programas e arquivos magnéticos dos sistemas;
* existência de uma sistemática de registro e controle de *backup* de mídias magnéticas em termos de frequência de uso, autorização para uso, grau de importância etc.;
* existência do sistema de controle de *backup* de mídias magnéticas em termos de localização, responsabilidade, transporte etc.;
* existência de procedimentos de contagem e verificação periódica dos arquivos de cópias;
* atribuição de responsabilidades a um ou mais empregados pela custódia, manutenção e arquivamento de mídias magnéticas;
* existência de normas e procedimentos de catalogação de programas da biblioteca de programação para a de produção;
* existência de garantias de que as cópias são idênticas aos originais;
* existência de garantias de que os arquivos e os movimentos dos últimos dias podem ser recuperados pelas das cópias de segurança;
* manutenção de cópias em mídias magnéticas do tipo fita ou CD como *backup* de todos os programas fontes e executáveis, bem como de arquivos dos sistemas vitais;
* aplicação do conceito de avô, pai e filho, ou seja, de pelo menos três gerações de *backup*;
* teste periódico de todos os programas e arquivos *backup* dos sistemas vitais para evitar eventuais perdas;
* existência de tempo suficiente no equipamento para garantir *backup* completo e sempre atualizado;
* existência de critérios estabelecidos quanto ao período de retenção de todos os arquivos existentes no centro de informação;
* verificação da validade dos arquivos de programas e de dados guardados por longo período;
* observação da vida útil das mídias magnéticas e realização da reciclagem do material.

5.5.6 Redes, teleprocessamento e microinformática

Este ponto de controle consiste em assegurar a proteção da rede de microcomputadores, teleprocessamento e microinformática. Dentro do escopo de trabalho da auditoria, devem ser observados os aspectos a seguir.

- Rede de microcomputadores:
  - * estabilização de redes elétricas, servidores dos microcomputadores com *nobreak* que possibilite tempo suficiente para garantir o término das operações;
  - * realização regular de simulação de queda de energia, bem como de manutenção preventiva no equipamento *nobreak*;
  - * existência de computador *backup* para servidor e observância de tornar-se operacional na ocasião da inoperância do servidor principal;
  - * proteção dos cabos de transmissão de dados e mapeamento de nós da rede de microcomputadores;
  - * existência da documentação da topologia da rede e dos procedimentos para seu uso;
  - * proteção do servidor contra possíveis sinistros e acesso indevido de pessoas não autorizadas;
  - * eliminação das unidades de disquete nos terminais da rede de microcomputadores;
  - * existência de um sistema que evite a entrada de *software* não autorizado na rede;
  - * realização de *backup* periódico dos dados mantidos na rede;
  - * existência de um sistema que detecte e elimine arquivos estranhos à rede, bem como elimine automaticamente os arquivos de trabalho temporário e sem uso, para evitar a sobrecarga de *winchester* do servidor;
  - * direcionamento dos arquivos criados pelos usuários para diretório específico deles.
- Teleprocessamento:
  - * existência de processos adequados de controle que assegurem a transmissão completa de todos os dados;
  - * observância da adequação dos meios de detecção de erros de transmissão de dados, que devem fornecer relatórios de controle correspondentes para posterior verificação de suas causas;
  - * existência de rotinas adequadas de controle nos sistemas de comunicação que protejam a transmissão de dados altamente sigilosos;

Capítulo 5 — Auditoria do ambiente de tecnologia da informação

- * observância do atendimento às necessidades da empresa em termos de protocolo adotado e recursos utilizados para a transmissão de dados;
- * existência de documentação adequada do projeto da rede de teleprocessamento;
- * realização de rodízio de responsabilidade pelo teleprocessamento;
- * existência de *help-desk* de suporte ao teleprocessamento.
- Microinformática:
  - * proteção contra o furto dos componentes de microcomputadores, principalmente com referência ao disco rígido, que pode conter informações importantes;
  - * proteção dos microcomputadores com estabilizadores e *nobreak*, assim como contra possíveis sinistros;
  - * existência de contrato de manutenção de microcomputadores;
  - * observância de controle de utilização de microcomputadores em nível departamental, de forma que minimize o problema de ociosidade e falta desses recursos em determinados ambientes;
  - * controle patrimonial dos microcomputadores e dos *softwares* aplicativos oficiais existentes por meio de inventários periódicos;
  - * verificação da não existência de programas "alternativos", isto é, não oficializados pelo uso da empresa;
  - * proteção dos aplicativos de micros contra vírus com o uso de antivírus residentes ou não;
  - * realização de *backup* periódico de dados mantidos em microcomputadores;
  - * instruções aos usuários finais para a execução de procedimentos de classificação de informações para manter segurança e sigilo;
  - * existência de procedimentos periódicos de eliminação de arquivos de trabalho não utilizados;
  - * utilização de procedimentos de senha de acesso aos aplicativos do microcomputador.

5.5.7 Ambiente *web*

O ambiente *web*, que abrange as redes internet, intranet e extranet, faz com que a auditoria tenha que observar os aspectos a seguir.

- Ambiente tecnológico da rede:
  - * existência de mecanismos de proteção como *firewall*, para dificultar o acesso indevido de agentes externos como *hackers* e *crackers*;

* adequação na configuração dos sistemas operacionais dos servidores *web* para dificultar o acesso indevido dos agentes externos ao ambiente;

* configuração do(s) servidor(es) para receber ou enviar apenas os arquivos que não permitam a execução de programas não autorizados no seu ambiente, tal como arquivo executável anexado no *e-mail*;

* utilização de um servidor específico para cada tipo de serviço do ambiente *web*, tais como hospedagem de página, *e-mail*, arquivos de banco de dados etc., observando os aspectos de desempenho e contingência;

* existência de procedimentos de monitoração do ambiente *web* para verificar algumas irregularidades e anormalidades de operação da rede, tais como quantidade de tentativas e solicitações de acesso acima do normal, exclusão ou inserção de arquivos estranhos ao ambiente, detecção de vírus etc.;

* atualização periódica dos módulos de programas de segurança, sistema operacional, banco de dados etc., assim como utilização de facilidades oferecidas pelos recursos de *update*, a fim de minimizar a possibilidade de acessos indevidos durante a exploração de vulnerabilidades descobertas pela comunidade *hacker*;

* adoção de procedimentos específicos de segurança na configuração dos servidores para evitar o uso de senhas frágeis e a disponibilização de serviços excedentes passíveis de serem explorados por um agente externo, possibilitando invasão do ambiente *web*.

• Aplicações de comércio eletrônico:

* utilização do certificado de identidade digital no servidor para fins de comprovação da identidade do vendedor e do comprador;

* existência do serviço de selo cronológico digital, com a associação da data e da hora a um documento digital em uma forma de criptografia forte, para fins de comprovação da autenticidade documental;

* utilização de protocolo especial de comunicação para conexão segura com criptografia de chave, tais como *Security Sockets Layer* (SSL) e *Security Electronic Transaction* (SET), que torne virtualmente inviolável a comunicação entre o comprador e o vendedor;

* normatização e aplicação das políticas de segurança de acesso externo e interno à rede, *backup* periódico de banco de dados e contingência das funcionalidades de aplicação de comércio eletrônico e respectiva rede;

* gerenciamento de segurança das redes internet e intranet por meio de *log* dos respectivos sistemas de comércio eletrônico.

5.5.8 Controle de operação e de uso de recursos tecnológicos

Este ponto de controle consiste em verificar a melhor forma de distribuição de recursos tecnológicos no ambiente face à necessidade de utilização intensa ou não de determinados usuários. Sendo assim, a auditoria deve observar os aspectos a seguir:

* existência de processo sistemático de acompanhamento do uso de computadores e demais recursos tecnológicos por meio da análise de *log*;

* controle do registro diário das operações de ocorrências em relação ao *log* para detectar possíveis problemas de operação dos sistemas de informação;

* existência de controle adequado de entrada e saída de arquivos e/ou programas do ambiente de produção dos usuários finais;

* realização do registro e análise do processamento das transações, por sistema de informação, para futura otimização e racionalização do uso de recursos computacionais por parte dos usuários finais;

* existência de algum sistema de informação que habilite a gerência a analisar a utilização adequada dos recursos computacionais e avaliar as realizações operacionais;

* existência de um sistema de apuração e controle dos custos de recursos computacionais;

* existência de uma programação oficial diária, semanal, quinzenal, mensal, semestral e anual do uso dos computadores;

* realização de um acompanhamento da utilização dos recursos computacionais no sentido de prevenir sobrecarga e eventual falta de recursos pela limitação da capacidade do equipamento, e manter um aceitável desempenho de operação dos computadores;

* manutenção e atualização da lista de programas de computador homologados para processamento no ambiente de produção, para evitar o uso indevido de programas extraoficiais dos sistemas de informação.

5.5.9 Controle de acesso físico e lógico

Neste ponto de controle, a auditoria deve avaliar os aspectos a seguir.

* Controle de acesso físico:
  * existência de alguma rotina de controle de acesso físico ao ambiente de tecnologia da informação;
  * controle e restrição de acesso à sala do computador central e/ou servidor, bem como a salas de operação, preparação, mídias magnéticas etc., de usuários e pessoas não autorizadas;

* adequação nas medidas de segurança e proteção relativas ao controle e à limitação de acesso às pessoas não autorizadas ao centro de informação;
* existência de saídas de emergência nas áreas operacionais do centro de informação;
* execução e registro de inspeções regulares nas instalações do centro de informação, com referência à segurança física;
* existência de rotinas de controle de acesso ao ambiente de tecnologia da informação sobre entrada e saída de funcionários e visitas;
* existência de rotinas de controle de entrada e saída de pacotes carregados pelo pessoal no ambiente de informática;
* adequação de segurança para evitar a entrada indesejada de pessoas estranhas ao ambiente de tecnologia da informação;
* eficiência nos procedimentos de recepção e saída de visitantes, bem como no devido acompanhamento por pessoas autorizadas;
* obrigatoriedade no uso de crachá tanto para visitantes como para funcionários.
* Controle de acesso lógico:
  * adoção de procedimentos de segurança eficientes para impedir o acesso às instalações com terminais remotos ou linhas de transmissão de dados;
  * existência de medidas de segurança que limitem o uso de terminais e/ou estações de trabalho do computador para transmissão e recepção de dados;
  * adoção de níveis de acesso dentro dos sistemas de informação;
  * existência de sistema que o usuário possa mudar regulamente (em que ele seja obrigado a fazê-lo) de senha;
  * existência de sistema que evite a adoção de senhas presumíveis;
  * existência de sistema de cancelamento de senhas por tentativas de acesso não concluídas, bem como realização de testes regulares dele;
  * uso de sistema de criptografia em senhas;
  * existência de sistema de detecção de usuários inativos com linhas abertas.

5.5.10 Banco de dados e sistemas de informação

Este ponto de controle, que trata dos controles de estabelecimento de critérios de classificação de informação e de sistemas, monitoramento de manutenção de sistemas de informação e controle da documentação de forma global das aplicações existentes no ambiente de informática, faz com que a auditoria observe os aspectos a seguir.

Capítulo 5 Auditoria do ambiente de tecnologia da informação

- Critérios de classificação de informação e de sistemas:
  - existência de classificação de grau de importância das cópias de *software* e de arquivos de informação;
  - existência de classificação de usuários que possam ter acesso a determinados arquivos magnéticos;
  - existência de classificação de usuários que possam alterar e/ou excluir dados dos arquivos;
  - existência de classificação de usuários quanto ao uso do sistema de aplicação.
- Manutenção dos sistemas de informação:
  - existência de sistema de controle das manutenções realizadas nos sistemas em operação;
  - existência de um controle efetivo para garantir que são feitas somente alterações solicitadas e autorizadas nos sistemas em operação;
  - controle e documentação das modificações e manutenções realizadas nos programas/sistemas em operação;
  - existência e controle de cumprimento de normas e procedimentos específicos dos testes de programas;
  - existência de uma política de revezamento de programador e/ou analista que tenha atribuição de manter programas/sistemas, de tal sorte que não fique permanentemente responsável pela mudança deles;
  - controle e arquivamento de programas essenciais, sistemas de *software* e sua documentação num recinto seguro.
- Documentação:
  - utilização de alguma metodologia para documentação do banco de dados;
  - disponibilização da documentação dirigida ao usuário para uso em suas respectivas áreas;
  - existência de uma documentação e/ou um manual de consulta rápida, para utilização durante a operação do sistema;
  - existência de informações necessárias e suficientes nos manuais com instrução para operação, para fins de processamento de sistemas de aplicação;
  - existência de *help on-line* atualizado nos sistemas em operação.

Os pontos de controle apresentados são algumas das recomendações das melhores práticas de controle e segurança que podem ser aplicadas em ambientes de tecnologia da informação. Tendo em vista que o capítulo não teve o intuito de esgotar todas as áreas do ambiente, nem todas as formas de proteção do ambiente, são necessários contínua atualização e manutenção do sistema de controle e segurança. Isso não se deve considerar somente em nível de abrangência, mas, principalmente, com relação a novas ameaças e situações que surgem a cada momento, o que exige novas medidas e contramedidas de proteção do ambiente de tecnologia da informação.

Uma vez detectada a fraqueza de controle interno, elaboram-se os relatórios parciais de auditoria, por ponto de controle, para a devida apreciação e tomada de medidas preventivas e corretivas por parte dos responsáveis da área de informática. Os pontos de controle que apresentam fraquezas de controle interno, uma vez relatados, transformam-se em pontos de auditoria, que requerem a avaliação constante pela auditoria no segundo momento, isto é, auditoria de acompanhamento.

5.6 Conclusão e acompanhamento das recomendações

Esta etapa consiste em documentar a situação atual e as evidências da revisão e avaliação dos pontos de controle auditados, que, no caso de detecção de fraquezas, transformam-se em pontos de auditoria.

O trabalho da auditoria é cíclico, ou seja, não encerra com a emissão do respectivo relatório. A partir daí, passa para o segundo momento, ou seja, o de efetuar a revisão e a avaliação constante dos pontos de auditoria, verificando periodicamente a execução de medidas preventivas e corretivas recomendadas.

Na sequência, será apresentada uma coletânea de questionários para a avaliação de controle interno, que poderá ser útil no desenvolvimento de projetos de auditoria do ambiente de tecnologia da informação.

Referência

ASSOCIAÇÃO BRASILEIRA DE NORMAS TÉCNICAS (ABNT). *NBR ISO/IEC 27002*: Tecnologia da informação – Técnicas de segurança – Código de prática para a gestão da segurança da informação. Rio de Janeiro, 2013.

apêndice

Questionários para avaliação de controle interno

Controle, segurança e auditoria de sistemas

QUESTIONÁRIO PARA AVALIAÇÃO DE CONTROLE INTERNO					
Projeto					
N.	1. Instalações físicas – Detectores	Sim ou N/A	Não	Ref.	Observações
01	Existem detectores de fumaça, aumento de calor, umidade ou temperatura?				
02	Os detectores de fumaça ou aumento de calor estão instalados abaixo do piso falso e acima do teto?				
03	Os detectores de umidade e de temperatura estão instalados próximos aos equipamentos sensíveis a esses fatores?				
04	Os detectores de fumaça, aumento de calor, umidade ou temperatura são testados periodicamente?				
05	Existe um painel de controle de detecção de sinistro devidamente monitorado pelo responsável de segurança, com controle de ação no ambiente de informática?				
06	O painel de controle é regularmente testado?				
07	O painel de controle permite a passagem do sistema automático para manual ou vice-versa?				

Legenda: N/A = não aplicável.

QUESTIONÁRIO PARA AVALIAÇÃO DE CONTROLE INTERNO
Projeto

N.	2. Instalações físicas – Sistemas de alarme	Sim ou N/A	Não	Ref.	Observações
01	Existe sistema de alarme independente do alarme da fábrica, prédio etc.?				
02	O sistema de alarme pode ser ouvido em todas as dependências da empresa?				
03	O sistema de alarme pode ser também operado manualmente em locais estratégicos?				
04	O sistema de alarme e detecção é testado regularmente?				

QUESTIONÁRIO PARA AVALIAÇÃO DE CONTROLE INTERNO
Projeto

N.	3. Instalações físicas – Extintores	Sim ou N/A	Não	Ref.	Observações
01	Existe um ou mais sistemas de combate a incêndio, como: gás halon, água e CO_2?				
02	Há extintores suficientes para cada tipo de incêndio e em lugares estratégicos?				
03	Existem, na instalação, extintores de incêndio com ação automática?				
04	Os detectores de ação automática estão funcionando devidamente?				
05	É realizada, periodicamente, uma revisão nos extintores de incêndio, tanto manuais quanto nos de ação automática?				
06	Há um controle manual que restrinja a ação dos extintores até a saída dos funcionários?				
07	Há evidência de ter sido testado recentemente?				
08	Em caso de alteração do *layout* da sala do computador, o posicionamento dos bicos *sprinklers* dos extintores automáticos é revisto?				
09	Há extintores manuais suficientes nas instalações e devidamente identificados?				
10	Os extintores são regularmente recarregados?				
11	Os extintores e *sprinklers* estão em boas condições de uso e operação?				
12	Todas as pessoas estão treinadas e aptas a utilizarem os extintores?				

Apêndice — Questionários para avaliação de controle interno

QUESTIONÁRIO PARA AVALIAÇÃO DE CONTROLE INTERNO				
Projeto				
N.	4. Localização física	Sim ou N/A	Não	Ref.	Observações
01	O centro de informação fica longe das áreas de risco, como: almoxarifado da fábrica ou de materiais incendiários, caldeiras, depósitos de óleos, gasolina, linha de transmissão de alta tensão, autoestradas, trem, aeroportos, matas secas etc.?				
02	É possível isolar o centro de informação do fogo, calor, vapores e gases venenosos como consequência de incêndio de prédio vizinho ou andares acima e abaixo?				

QUESTIONÁRIO PARA AVALIAÇÃO DE CONTROLE INTERNO				
Projeto				
N.	5. Instalação elétrica	Sim ou N/A	Não	Ref.	Observações
01	Há luz de emergência nas dependências do ambiente de tecnologia de informação?				
02	As instalações elétricas estão em conduítes diferentes dos cabos de transmissão de dados?				
03	Os cabos de transmissão de dados estão devidamente identificados e protegidos contra possíveis avarias?				
04	O sistema elétrico servidor do centro de informação é independente do restante das instalações?				
05	Existem comutadores independentes para cada equipamento com identificação?				
06	Existe fio-terra devidamente instalado?				

QUESTIONÁRIO PARA AVALIAÇÃO DE CONTROLE INTERNO
Projeto

N.	6. Sala do computador/servidor	Sim ou N/A	Não	Ref.	Observações
01	É evitada a armazenagem de papel, listagens, fitas, materiais de limpeza, acessórios e outros materiais na sala do computador?				
02	A limpeza na sala do computador é adequada para proteger os equipamentos contra danos originados por pó e areia?				
03	É evitada a armazenagem de produtos nocivos aos equipamentos na sala do computador?				
04	Existe uma norma de proibição de fumar nas salas de computação e esta é aplicada?				

QUESTIONÁRIO PARA AVALIAÇÃO DE CONTROLE INTERNO
Projeto

N.	7. Fator humano	Sim ou N/A	Não	Ref.	Observações
01	Existe um programa de conscientização sobre a segurança aplicado regularmente aos funcionários do centro de informação?				
02	Existe uma política de treinamento de pessoal para prevenção e combate a incêndio?				
03	O pessoal do centro de informação foi treinado e está preparado para agir em caso de sinistros, tais como uso de extintores, evacuação da área etc.?				
04	Há um plano geral para a reação com todo o pessoal do centro de informação, preparado para emergências?				
05	Há programas de treinamento contínuos em informática para todos os funcionários do centro de informação?				
06	Existe um esquema rotativo de tarefas e treinamento de pessoal para evitar dependência de execução de atividades?				
07	É verificado o passado de novos funcionários, na ocasião de seleção e avaliação?				

Apêndice Questionários para avaliação de controle interno

N.	7. Fator humano	Sim ou N/A	Não	Ref.	Observações
08	É possível interromper o trabalho dos funcionários imediatamente após a decisão de dispensá-los?				
09	São alocadas tarefas vitais do sistema a funcionários recém-contratados?				
10	Existe algum regulamento que exija a prévia autorização da gerência para que os empregados possam trabalhar no ambiente de informática fora do expediente normal?				

QUESTIONÁRIO PARA AVALIAÇÃO DE CONTROLE INTERNO					
Sistema de aplicação					
N.	8. Segurança ambiental e contingência	Sim ou N/A	Não	Ref.	Observações
01	A segurança funciona 24 horas?				
02	São realizadas as rondas no centro de informação por vigias, e são verificadas se as chaves de controle estão afixadas em locais estratégicos?				
03	Quando não em uso, a sala do computador é mantida fechada?				
04	As portas de acessos ao centro de informação estão sempre trancadas, especialmente nos turnos da noite e aos domingos e feriados?				
05	Existe um registro atualizado das principais chaves do centro de informação em poder dos funcionários?				
06	Há evidência da realização de inventário periódico das chaves do centro de informação, dos armários, mesas etc.?				
07	Existem instruções de segurança sobre o que fazer em caso de sinistro?				
08	O pessoal de segurança está apto a aplicar as instruções em caso de sinistro?				
09	O guarda e/ou vigia tem fácil acesso aos telefones e possui uma lista com números de emergência atualizados, tais como polícia, bombeiro, médico, serviço de segurança e dos gerentes/responsáveis?				

N.	8. Segurança ambiental e contingência	Sim ou N/A	Não	Ref.	Observações
10	Há fácil acesso do pessoal de segurança e do corpo de bombeiros no centro de informação, inclusive aos domingos e feriados?				
11	Cópias impressas e revisão de planos para emergência e desastres são distribuídas para todo o pessoal da administração e membros responsáveis pelo quadro de funcionários, e colocadas à disposição de outros que delas necessitem ter conhecimento?				
12	Existem regulamentos escritos e penalidades estabelecidas contra a violação, concernentes a importantes medidas de segurança e práticas de proteção?				
13	Existe uma revisão formal e periódica, por parte da gerência, quanto a políticas, procedimentos e programas de segurança?				
14	As instalações e os equipamentos de processamento eletrônico de dados estão cobertos pelo seguro?				
15	Os contratados para a venda ou compra de serviço e equipamento de processamento de dados são conferidos pelo departamento jurídico, para resguardo contra fraude, proteção dos interesses do proprietário, definição dos critérios para aceitação e provimento de garantia de qualidade?				

QUESTIONÁRIO PARA AVALIAÇÃO DE CONTROLE INTERNO					
Projeto					
N.	9. Controle de acesso físico	Sim ou N/A	Não	Ref.	Observações
01	Existe alguma rotina de controle de acesso à sala do computador?				
02	Todos os usuários têm acesso ou restrição de acesso à sala do computador?				
03	Estão restritos os acessos às salas de operação, fitoteca, preparação, digitação, recepção e expedição para funcionários dos respectivos setores?				

Apêndice Questionários para avaliação de controle interno

N.	9. Controle de acesso físico	Sim ou N/A	Não	Ref.	Observações
04	São adequadas as medidas de segurança e proteção relativas ao controle e à limitação de acesso às pessoas não autorizadas ao centro de informação?				
05	Existem saídas de emergência nas áreas operacionais do centro de informação?				
06	Há saídas de emergência nas áreas operacionais do centro de informação?				
07	São efetuadas e registradas inspeções regulares nas instalações do centro de informação, com referência à segurança física?				
08	Há rotinas de controle de acesso ao ambiente de computação sobre a entrada e a saída de funcionários e visitas?				
09	Há controle de entrada e saída de pacotes, carregados pelo pessoal, no ambiente de informática?				
10	Há segurança suficiente para evitar a entrada de pessoas indesejadas?				
11	Há procedimentos eficientes para a recepção e saída de visitantes?				
12	Alguma das pessoas autorizadas acompanha os visitantes?				
13	É adotado o uso de crachá?				
14	O uso de crachá é obrigatório tanto para visitantes como para funcionários?				

QUESTIONÁRIO PARA AVALIAÇÃO DE CONTROLE INTERNO					
Projeto					
N.	10. Fitoteca de segurança	Sim ou N/A	Não	Ref.	Observações
01	Existe fitoteca de segurança fora das instalações físicas do ambiente de informática da empresa?				
02	Há cofres para proteger arquivos magnéticos críticos no ambiente de informática?				
03	A fitoteca de segurança está localizada em prédio distinto e distante da fitoteca principal?				

N.	10. Fitoteca de segurança	Sim ou N/A	Não	Ref.	Observações
04	As fitotecas de segurança estão devidamente protegidas contra eventuais sinistros?				
05	As fitotecas de segurança são identificadas?				
06	Considera satisfatória a segurança do sistema de transporte de dados preparado para o computador?				
07	As fitas estão devidamente identificadas e armazenadas em local adequado?				

QUESTIONÁRIO PARA AVALIAÇÃO DE CONTROLE INTERNO					
Projeto					
N.	11. Procedimento de *backup*	Sim ou N/A	Não	Ref.	Observações
01	As fitas de *backup* são armazenadas em locais distintos do ambiente de informática e de outras fitas de dados?				
02	Os arquivos de *backup* estão devidamente armazenados em locais de acesso restrito?				
03	O acesso e o uso de *backup* que não possa ser substituído são controlados e supervisionados pela gerência, para assegurar que não seja destruído e que uma nova cópia seja tirada antes de seu uso?				
04	As fitas de *backup* estão devidamente identificadas?				
05	São cumpridas as normas e os procedimentos de *backup*?				
06	Há sistemática de registro e controle das fitas magnéticas em termos de frequência de uso, autorização para uso, grau de importância etc.?				
07	Existe o sistema de controle das mídias magnéticas em termos de localização, responsabilidade, transporte etc.?				
08	Há contagem e verificação periódica dos arquivos de cópias?				

Apêndice Questionários para avaliação de controle interno

N.	11. Procedimento de *backup*	Sim ou N/A	Não	Ref.	Observações
09	São atribuídas responsabilidades a um ou mais empregados pela custódia, manutenção e arquivamento de fitas e discos magnéticos?				
10	Existem normas e procedimentos de catalogação de programas da biblioteca de programação para a biblioteca de produção?				
11	Há garantias de que as cópias são idênticas aos originais?				
12	São feitos arquivos de *backup* para os programas e arquivos?				
13	Existem garantias de que os arquivos e os movimentos dos últimos dias podem ser recuperados pelas cópias de segurança?				
14	De todos os programas fontes e executáveis, bem como arquivos dos sistemas vitais, são mantidas cópias em fitas magnéticas como *backup*?				
15	É utilizado o conceito de avô, pai e filho para a geração de *backup*?				
16	Todos os programas e arquivos de *backup* dos sistemas vitais são testados periodicamente, para assegurar que não haverá eventuais perdas?				
17	Há tempo suficiente na máquina para garantir *backup* completo e sempre atualizado?				
18	Existem normas e procedimentos que estabelecem periodicidade do *backup*?				
19	Existem critérios estabelecidos quanto ao período de retenção de todos os arquivos existentes no centro de informação?				
20	A validade de arquivos de programas e de informações guardados por longo período é verificada?				
21	É observada a vida útil das mídias magnéticas e é feita a reciclagem do material?				

Auditoria do negócio com TI: gestão e operação

QUESTIONÁRIO PARA AVALIAÇÃO DE CONTROLE INTERNO				
Projeto				
N. **12. Plano de segurança**	**Sim ou N/A**	**Não**	**Ref.**	**Observações**
01 Há um plano de segurança que contemple a prevenção e a detecção de sinistros de forma objetiva e clara?				
02 O plano de segurança é controlado e seguido pelos usuários envolvidos?				
03 Existem esquemas de manutenções preventivas com respaldo contratual para todos os equipamentos de processamento eletrônico de dados?				
04 São observados todos os requisitos de manutenção determinados pelo fabricante do equipamento?				
05 A instalação onde se encontram programas e arquivos de *backup* é separada fisicamente da área do computador?				
06 O plano de segurança é testado regularmente?				
07 São realizados testes e adequação do plano de segurança periodicamente?				

QUESTIONÁRIO PARA AVALIAÇÃO DE CONTROLE INTERNO				
Projeto				
N. **13. Plano de contingência**	**Sim ou N/A**	**Não**	**Ref.**	**Observações**
01 Existem amplas provisões de facilidades de *backup* com outros usuários de computadores para o caso de desarranjo de equipamento?				
02 Os sistemas operacionais ou *software* de *backup* são compatíveis com as instalações de outros usuários?				
03 São comunicadas aos responsáveis pelo plano de contingência quaisquer alterações que comprometam a utilização do *site* alternativo?				
04 É bem clara, no plano de contingência, que a função do sistema terá prioridade de ativação em caso de sinistro?				

Apêndice Questionários para avaliação de controle interno

N.	13. Plano de contigência	Sim ou N/A	Não	Ref.	Observações
05	Há um plano de contingência detalhado para a correção e restauração do ambiente de tecnologia de informação, em termos de *hardware* e *software*?				
06	O plano de contingência é revisto e testado regularmente?				
07	Existem rotinas adequadas de reconstrução de arquivos magnéticos?				
08	Há pessoal responsável e predeterminado para aplicação do plano?				

QUESTIONÁRIO PARA AVALIAÇÃO DE CONTROLE INTERNO					
Projeto					
N.	14. Microinformática	Sim ou N/A	Não	Ref.	Observações
01	Os microcomputadores estão devidamente protegidos contra roubo de memória e outros componentes?				
02	Os microcomputadores estão protegidos com estabilizadores e *nobreak*?				
03	Os microcomputadores estão assegurados contra possíveis sinistros?				
04	Existe contrato de manutenção de microcomputadores?				
05	É feito o controle da utilização de microcomputadores em nível departamental, de tal sorte que minimize o problema de ociosidade e falta desses recursos em determinados ambientes?				
06	É feito controle patrimonial dos microcomputadores por meio de inventários periódicos?				
07	É feito controle patrimonial dos *software*s aplicativos oficiais existentes por meio de inventários periódicos?				
08	Existem programas "alternativos", isto é, não oficializados pelo uso da empresa?				
09	Os aplicativos de micros estão protegidos contra vírus com o uso de antivírus residentes ou não?				

N.	14. Microinformática	Sim ou N/A	Não	Ref.	Observações
10	É realizado *backup* periódico dos dados mantidos em microcomputadores?				
11	Os usuários estão instruídos quanto ao procedimento de classificação de informações para manter segurança e sigilo?				
12	Existem procedimentos periódicos de eliminação de arquivos de trabalho não utilizados?				
13	São utilizados procedimentos de senha de acesso aos aplicativos do microcomputador?				

QUESTIONÁRIO PARA AVALIAÇÃO DE CONTROLE INTERNO					
Projeto					
N.	15. Rede de microcomputadores	Sim ou N/A	Não	Ref.	Observações
01	As redes elétricas e os servidores dos microcomputadores são estabilizados com *nobreak*?				
02	Há tempo suficiente para garantir o término das operações?				
03	É realizada regularmente uma simulação de queda de energia?				
04	É realizada uma manutenção preventiva no equipamento *nobreak*?				
05	Existe computador *backup* para o servidor?				
06	O computador *backup* da rede entra em operação assim que o servidor fica inoperante?				
07	Os cabos de transmissão de dados ficam expostos?				
08	O servidor está devidamente protegido contra possíveis sinistros?				
09	Os terminais da rede de microcomputadores possuem *drive*?				
10	Existe um sistema que evite a entrada de *softwares* não autorizados na rede?				
11	Os nós da rede de microcomputadores estão mapeados?				

Apêndice Questionários para avaliação de controle interno

N.	15. Rede de microcomputadores	Sim ou N/A	Não	Ref.	Observações
12	É realizado *backup* periódico dos dados mantidos na rede?				
13	Existe sistema que detecta e elimina arquivos estranhos à rede?				
14	Quando há sobrecarga da *winchester* do servidor, há meios automáticos de eliminação de arquivo sem uso?				
15	São direcionados para diretório específico os arquivos criados pelos usuários?				
16	A topologia da rede e os procedimentos para seu uso estão devidamente documentados?				

QUESTIONÁRIO PARA AVALIAÇÃO DE CONTROLE INTERNO					
Projeto					
N.	16. Controle de operação e uso de recursos computacionais	Sim ou N/A	Não	Ref.	Observações
01	Existe processo sistemático de acompanhamento do uso do computador e demais recursos pela análise de *log*?				
02	Existe um diário de operações em que são registradas as ocorrências de cada um dos turnos de operação?				
03	A chefia imediata da operação exerce análise dos registros das ocorrências, bem como de *log* para detectar possíveis problemas de operação dos sistemas de informação?				
04	Há possibilidade de intervenção do operador por outro periférico?				
05	Existe um controle eficiente das entradas e saídas de arquivos e/ou programas do ambiente de produção?				
06	São realizados o registro e a análise do processamento das transações por sistema de informação, para futura otimização e racionalização do uso de recursos computacionais, por parte dos usuários?				
07	Existe algum sistema de informação que habilite a gerência a analisar a utilização adequada dos recursos computacionais e avaliar as realizações operacionais?				

N.	16. Controle de operação e uso de recursos computacionais	Sim ou N/A	Não	Ref.	Observações
08	Existe um sistema de apuração e controle de custos de recursos computacionais?				
09	Existe programação diária, semanal, quinzenal, mensal, semestral e anual do uso do computador?				
10	É realizado o acompanhamento da utilização dos recursos computacionais no sentido de prevenir sobrecarga e assegurar uma aceitável *performance* de operação do computador?				
11	Existe uma lista atualizada de programas mantida em forma de catálogo?				

QUESTIONÁRIO PARA AVALIAÇÃO DE CONTROLE INTERNO					
Projeto					
N.	17. Controle de acesso lógico – Senhas	Sim ou N/A	Não	Ref.	Observações
01	Em instalações com terminais remotos ou linhas de transmissão de dados, são adotados procedimentos eficientes para impedir o acesso e/ou emendas não autorizadas aos arquivos e/ou programas?				
02	Existem medidas de segurança que limitem o uso de terminais do computador para a transmissão e recepção de dados?				
03	Existe um sistema para que o usuário possa mudar a senha regularmente?				
04	As senhas são criptografadas?				
05	Existe sistema de detecção de usuários inativos com linhas abertas?				
06	É evitada a adoção de senhas presumíveis?				
07	Há cancelamento de senhas por tentativas de acesso não concluídas? Isso é testado regularmente?				
08	São seguidas as recomendações para a adoção dos níveis de acesso aos sistemas de informação?				

Apêndice Questionários para avaliação de controle interno

201

QUESTIONÁRIO PARA AVALIAÇÃO DE CONTROLE INTERNO				
Projeto				
N.	18. Critérios de classificação de sistemas e de informação	Sim ou N/A	Não	Ref.	Observações
01	Há classificação do grau de importância entre as cópias do *software* e de arquivos de informação?				
02	Há classificações de quais pessoas podem ter acesso a determinados arquivos magnéticos?				
03	A classificação quanto ao uso do sistema é bem definida?				
04	Há classificação dos usuários que poderão alterar/excluir dados dos arquivos?				

QUESTIONÁRIO PARA AVALIAÇÃO DE CONTROLE INTERNO				
Projeto				
N.	19. Teleprocessamento	Sim ou N/A	Não	Ref.	Observações
01	Existem processos de controle adequados para assegurar a transmissão completa de todos os dados?				
02	Os meios de detecção de erros de transmissão de dados são adequados?				
03	Há relatórios de controle de erros ocorridos durante a transmissão de dados, para posterior verificação de suas causas?				
04	Existem rotinas de controle adequadas nos sistemas de comunicação que protejam a transmissão de dados altamente sigilosos?				
05	O protocolo adotado para a transmissão de dados, bem como os recursos, atende às necessidades da empresa?				
06	Quanto ao projeto da rede de teleprocessamento, ela está devidamente documentada?				
07	É realizado rodízio da responsabilidade pelo teleprocessamento?				
08	Existe *help desk* dando suporte ao teleprocessamento?				

QUESTIONÁRIO PARA AVALIAÇÃO DE CONTROLE INTERNO

Projeto

N.	20. Ambiente *web* – Internet/intranet	Sim ou N/A	Não	Ref.	Observações
01	Existem mecanismos de proteção contra acesso indevido de agentes externos, como *hackers* e *crackers*, exemplo: *firewall*?				
02	Os sistemas operacionais dos servidores *web* estão devidamente configurados para dificultar o acesso indevido dos agentes externos ao ambiente?				
03	O(s) servidor(es) está(ão) configurado(s) para apenas receber ou enviar arquivos e não permitir a execução de programas não autorizados no seu ambiente, exemplo: arquivo executável anexado no *e-mail*?				
04	É utilizado um servidor específico para cada tipo de serviço do ambiente *web*, tais como hospedagem de página, *e-mail*, arquivos de banco de dados etc.? (Observar os aspectos de desempenho e contingência.)				
05	Existem procedimentos de monitoração do ambiente *web* no sentido de verificar algumas irregularidades/anormalidades de operação da rede, por exemplo: quantidade de tentativas e solicitações de acesso acima do normal, exclusão ou inserção de arquivos estranhos ao ambiente, detecção de vírus etc.?				

QUESTIONÁRIO PARA AVALIAÇÃO DE CONTROLE INTERNO

Projeto

N.	21. Manutenção de sistemas de informação	Sim ou N/A	Não	Ref.	Observações
01	Existe controle das manutenções realizadas nos sistemas em operação?				
02	Existe um controle efetivo para garantir que sejam feitas somente as alterações que foram pedidas e autorizadas nos sistemas em operação?				
03	Existem normas e procedimentos específicos de testes de programas? Eles são devidamente cumpridos e controlados?				

Apêndice Questionários para avaliação de controle interno

N.	21. Manutenção de sistemas de informação	Sim ou N/A	Não	Ref.	Observações
04	Existe uma política exigindo que aqueles que têm a atribuição de manter os programas/sistemas sejam revezados entre si, de modo que o mesmo programador e/ou analista não fique permanentemente responsável pela mudança do mesmo programa/sistema?				
05	Os programas essenciais, sistemas de *software* e sua documentação são controlados e guardados em recinto seguro?				
06	Existe sistema de controle das manutenções realizadas?				
07	As modificações e manutenções dos programas são controladas e documentadas?				

QUESTIONÁRIO PARA AVALIAÇÃO DE CONTROLE INTERNO					
Projeto					
N.	22. Segregação de funções	Sim ou N/A	Não	Ref.	Observações
01	Existem bibliotecas de programas de desenvolvimento separadas das de produção?				
02	Existe alguma determinação que proíba programadores e analistas de operarem o computador?				
03	É controlada a proibição de os programadores e analistas operarem o computador?				
04	Existe um esquema de controle do trabalho do operador?				

QUESTIONÁRIO PARA AVALIAÇÃO DE CONTROLE INTERNO
Projeto

N.	23. Documentação	Sim ou N/A	Não	Ref.	Observações
01	O banco de dados é documentado com o uso de alguma metodologia?				
02	A documentação dirigida ao usuário está disponível para uso na área usuária?				
03	Existe, na documentação, um manual para consulta rápida, para ser utilizado durante a operação do sistema?				
04	Os manuais com instrução para operação contêm informações necessárias e suficientes para rodar o sistema?				
05	Existe *help on-line* atualizado nos sistemas em operação?				

QUESTIONÁRIO PARA AVALIAÇÃO DE CONTROLE INTERNO
Projeto

N.	24. Planejamento e controle	Sim ou N/A	Não	Ref.	Observações
01	Existe plano diretor de automatização e de informatização da empresa?				
02	A monitoração e o ajuste deste plano são realizados?				
03	São bem claras as prioridades da área de informática que deverão ser atendidas?				

Índice remissivo

— A —

ABNT NBR ISO/IEC 27002 167, 169
Acompanhamento 148, 166, 186
Ambiente
  empresarial 99, 105
  governamental 16, 25, 29, 42
  privado 15, 25, 30, 42
  web 172, 181-182
Ameaças 51, 120, 123, 143, 154-155, 166, 169, 173, 186
Auditoria
  base zero 15, 18, 20
  da gestão 1, 4-9, 14-17, 21, 27, 29, 34-36, 42, 44-45, 51, 55-56, 62, 64, 66, 100
  da gestão da teoria da agência 26-28, 30
  da gestão de fraudes 18
  da previsibilidade patrimonial 20-21
  de acompanhamento 57, 60, 101, 111, 116, 137-140, 148, 166, 186
  de conflitos 15-16, 41
  de estresse organizacional 15, 22-23
  de fraude 15, 17-18
  de posição 137-140, 147, 169
  de projeto 40, 45, 116
  do ambiente 131, 167
  do fator crítico de sucesso 23
  do negócio 2-3, 12, 30, 41, 63
  do ponto da falha 23
  do risco 45-46, 48, 116
  estratégica 31, 33-34, 37
  operacional e de sistemas 119, 124, 127-128, 131, 137, 139-140, 149
Avaliação 123, 125-127, 129-131, 134-135, 145, 147, 155, 158-161, 173, 187

— B —

Backup 168, 178-180, 194
Balanço Intelectual (BIN) 30, 57
Benchmark 5, 46, 49, 51, 56, 81, 95-96

— C —

Cadeia de suprimentos (*supply chain*) 28, 43, 55
Causas 40, 45-49, 54-56, 64, 68, 132
Cenários 5, 21-22, 41, 44-45, 51, 56, 66, 100-102
Certificado de auditoria 10-11, 18, 34, 55, 58-60, 66-69, 98, 113-114
Ciclo de vida 12-13, 21, 26, 28, 34-35, 39-41, 43-46, 57, 60, 69, 131-137, 147
Circularização 92
Compliance 49, 56, 61, 63
Computador 86, 89, 127, 151, 153, 156, 161-164, 171-175, 180, 183
Conclusão da auditoria 57, 112
Confidencialidade 45, 85, 93, 125, 168
Conflitos organizacionais 15-16, 27

Conformidade 18, 39, 44, 49, 53, 56, 61, 63
Conhecimento 25, 37, 45, 49, 73, 76, 97
Conivência 18, 96
Contábil-financeiro 60, 67
Contagem 90, 164, 179
Contingência 3, 6, 12, 19, 21-22, 27, 40, 47, 52, 54, 56, 58, 103, 116, 171, 177, 191
Contramedidas de proteção 169
Controladoria
  estratégica 69
  organizacional 1
Controle
  de acesso 123, 159, 172, 183, 192
  interno 126
  interno administrativo 121, 126, 133-134
  interno contábil 133-134
  organizacional 83
Corrupção 18, 28
Criptografia 125, 182, 184
Cultura organizacional 18, 30, 33, 93, 123
Customização 16, 39, 44, 49, 50, 53, 56

— D —

Decisão
  estratégica 29
  tática 29
Diretrizes estratégicas 4
Disponibilidade 104, 127, 134-135, 148, 168
Divergência 15, 90
Documentação 43, 49, 71, 135, 142, 150, 160-161, 166, 170, 180, 185, 204
Documentos 87, 93, 135, 142, 145, 151-152

— E —

Efeito 5, 8, 12, 18, 36, 122, 127, 143-144
Efetividade 13, 20, 64, 102, 115
Eficácia 7, 13, 20, 27, 46, 57, 88, 102, 115, 120, 122, 126-127, 130, 134
Eficiência 7, 64, 74, 85, 88, 126-127, 130, 184
Emissão de relatórios 108, 153, 155
Engenharia 14, 62
  do processo 42-44
  do produto 22, 29, 42-44, 81

Entidade governamental 25-27, 29
Enterprise Resource Planning (ERP) 17
Estratégia 3, 4, 9, 13, 29, 31-35, 40, 51, 109
Estrutura 33, 41, 44, 46, 50, 54, 58, 72-73
Evidência 18, 135, 145, 155, 186
Evolução tecnológica 57, 60, 105
Exame 45, 87, 93, 144, 155
Execução 112, 141-143, 147, 155, 162, 170

— F —

Falha 17-18, 46, 50, 54, 56, 58, 60, 67, 86, 96, 105, 119, 124, 131, 135, 145, 147-148
Fator crítico de sucesso (FCS) 23, 54
Fator surpresa 82-83, 87, 90, 96, 156
Feedback 2, 13, 83, 110-111
Fidelidade da informação 122-123, 134, 149
Fluxograma 37, 72-73, 152, 154, 164-165
Fraquezas 8, 10, 19, 28, 41, 88, 96, 135-138, 145, 147-148, 155, 165, 186
Fraude 15, 17, 48, 61, 73, 89, 96, 165, 176
Função administrativa 2, 13, 139
Furto 73, 90, 96, 181

— G —

Garantia 47, 78, 120, 127, 168, 179
Gerente de projeto 114
Gestão
  da segurança da informação 167
  da teoria da agência 26, 28, 30
  da teoria da agência 25
  de ativos 168
  de incidentes 168
  de pessoas 7, 63, 69
  do conhecimento 10, 19, 32-33, 46, 52, 55, 64, 67
  do negócio 2, 5-6, 10-11, 16, 30, 52, 58-59
  do risco 7, 32, 46-48, 95
  do risco da qualidade 47
  estratégica 4, 32, 34, 37, 39
  organizacional 6, 20, 39-40, 51, 55, 67, 114

— H —

Hacker(s) 181-182

Índice remissivo

— I —

Incerteza 3-6, 12-13, 19-22, 27, 46-49, 52, 54, 56, 58-59, 80-81, 101, 103, 116
Indicadores 30, 35, 41, 60, 64, 88, 95, 115
Indício 8, 18, 49, 105-106
Informação(ões) 56, 77-78, 92, 122-126
Infraestrutura física 173
Inovação tecnológica 98
Integração 4, 45, 47, 65, 80, 135, 142, 151, 168
Integridade 1, 64-65, 69, 84-85, 87, 101, 105-106, 112, 120, 124, 129-130, 134, 168
Investimentos 22, 25, 101

— L —

Legislação 25, 64, 69, 83, 115, 125, 128, 134
Linha de negócios 13, 50-51, 71, 73, 75-76, 79, 88, 111
Logística 1, 13, 21, 29, 37, 56, 62, 66, 68

— M —

Manutenção de sistemas 135, 172, 175, 184
Medida de proteção (MP) 54
Meritocracia 7, 9, 69
Metas 33-35, 37, 80, 83, 107, 110, 112
Método(s) 37, 46, 120, 132, 139, 141-143, 150, 154, 156, 161, 163-164, 168, 173
Metodologia 14, 17, 27, 30, 36, 40, 45, 53-58, 71, 73, 109, 113, 133, 185
Métricas 30, 41, 60, 64-65, 95, 100
Modelo 8, 17, 22, 27, 50, 55-56, 59, 63-64, 92, 107, 120-121, 135, 145-146, 150
Mudança 1, 7, 13, 15, 17, 19-22, 26-29, 32, 35-38, 40, 42-49, 54, 56-63, 65-67, 69, 79, 96, 102, 106-110, 113-116, 129, 148

— O —

Obediência 74, 120, 125, 128, 133, 177
Objetivo(s) 34, 119, 121-122, 126, 128-129, 145, 149, 162, 165, 167

— P —

Padrões 18, 89
Papéis de trabalho 52, 72, 91, 103, 170
PDCA (*plan; do; check; action*) 1, 13, 74, 79, 110

Pesquisa de mercado 108
Planejamento
  do projeto de auditoria 139, 141, 169-170
  estratégico 21, 32, 106, 110, 171, 175-176
  orçamentário 22
Plano
  de contigência 12, 46-48, 52, 59, 178, 196
  de segurança 177, 196
  estratégico de auditoria 4, 33-34
  alternativo 13, 39, 101
Política de segurança 175
Ponto de
  auditoria 136-137, 147
  controle (PC) 3, 7, 23, 26, 34-40, 48, 52-57, 78-81, 99, 104, 108, 111, 135-137, 144-147, 150-157, 165, 171-173, 176-180, 183-186
  falha 33
Processo 1-6, 11, 13-17, 22, 27, 31-38, 41-59, 62, 67-72, 77-78, 92, 95, 101, 109-115, 120-127, 131-135, 143, 149-151, 156, 169, 183
Produtividade 6-7, 32, 37, 40, 42, 51, 53, 55, 57-60, 63-64, 74, 96, 100, 171
Produtos finais da auditoria 8, 49, 56-58
Projeções 22, 67, 106-107
Project Management Body of Knowledge (PMBOK) 7
Projeto de pesquisa 108
Prova documental 49, 99

— Q —

Qualidade do processo 47
Quality assurance 47
Quality control 47

— R —

Reciclagem 18, 19
Recursos
  humanos 4, 33, 78, 98, 105, 108-109, 123, 125, 131, 140, 150, 155, 171
  tecnológicos 124-125, 127, 141, 150, 168, 170, 172, 183
Registros 62, 74, 87-94, 107, 122, 163-165

Relatório de auditoria 8-11, 18, 31, 34, 50, 54-60, 66-67, 74, 86, 90, 98-99, 101, 107, 109, 113-114, 138, 140, 147, 149, 170

Resultado 3-11, 10-15, 17-19, 42-45, 49-51, 57, 61-67, 77-79, 83, 99-120-123, 126-131, 135, 140, 144-147, 155, 163, 165

Revisão 1, 11, 26, 45, 58, 111, 127-131, 133, 137, 140-141, 144, 148, 155, 165-166, 169, 174, 176, 186

Risco 7, 12-15, 19-22, 27, 30, 45-49, 53-54, 58-62, 64-67, 80, 87, 103-105, 119, 129, 139, 141, 143-145, 154-155, 173-174

Roubo 73, 90, 96

— S —

Segregação de funções 81, 92, 94, 175, 203

Segurança
  ambiental 64, 168, 171, 176, 191
  física 64, 83, 122-123, 133-134, 149, 157, 168, 172, 176, 178, 184
  lógica 85, 89, 94, 124, 134, 149, 157, 172
  nas comunicações 168
  nas operações 168

Sigilo 93-94, 125, 181

Simulações 45, 67, 89, 102-104

Single point of failure (SPOF) 23

Sistema
  de aplicativo 64, 88, 99, 175
  de informação 5, 7, 19, 37, 40, 66, 73, 76-77, 83, 87-88, 104, 120-137, 139, 142-145, 148-151, 155-157, 161-166, 183

Sistema Integrado de Gestão (SIG) 16

Sustentabilidade 3-5, 12-13, 19, 21, 26, 30, 32, 37, 40-48, 51, 55-62, 67, 95, 116

— T —

Técnica(s)
  de auditoria 23, 84, 105, 142, 145, 155
  operacional 135

Técnico-operacional 5, 12, 19-20, 22, 29-30, 43, 54, 59-60, 62, 75, 81, 95, 101-102, 106

Tecnologia da informação (TI) 14, 20, 131, 140, 142, 157, 166-178, 183, 185

Tendências 25, 35-36, 48, 101, 104-106

Teoria da agência 15-16, 22, 24-28, 30-31, 41-42, 45, 85, 113

Tomada de decisão 1, 5-6, 48, 57-58, 67-68, 83, 99, 109, 126, 129, 163

Trilhas de auditoria (*audit trail*) 76

— V —

Validação do ponto de controle 79

Viabilidade 12, 48, 101, 104, 109, 132-133

Virtual 13, 16-17, 76, 101

Visão 2, 13, 15, 17, 19, 21-22, 25, 29, 32, 37, 40-41, 45-48, 52-55, 57, 60-65, 67-69, 74, 82-85, 88, 95-97, 101-102, 116, 122, 126

Vulnerabilidades 123, 166

— W —

Walk-through 78

Walk-thru 78